AtV AUFBAU THEMA

MOSHE ZIMMERMANN wurde im Dezember 1943 in Jerusalem geboren. Seine Eltern, Hamburger Juden, waren 1937 bzw. 1938 eingewandert. Er besuchte in Jerusalem Schule, Gymnasium und Universität (1976 Promotion). 1982 wurde Moshe Zimmermann Professor für Neuere Geschichte an der Hebräischen Universität Jerusalem. Seit 1986 leitet er zudem das R. Koebner-Institut für deutsche Geschichte an dieser Universität. Er ist mitbeteiligt an der Entwicklung von Lehrplänen für den Geschichtsunterricht an israelischen Schulen. Zu den Schwerpunkten seiner Forschungen und Publikationen gehören: Nationalismus, Antisemitismus und deutsch-jüdische Geschichte. Er gibt eine Reihe zur deutschen Geschichte auf Hebräisch heraus und ist Autor mehrerer Schulbücher. An öffentlichen Diskussionen in Israel (Friedensprozeß, Beziehungen zu Deutschland, historische und aktuelle politische Themen) ist er intensiv beteiligt.

Moshe Zimmermann lehrte als Gastprofessor in Heidelberg, Mainz, Princeton, Halle und München. Er veröffentlichte in Deutschland zahlreiche Aufsätze über deutsch-jüdische Geschichte, die deutsch-israelischen Beziehungen, über Erinnerungsarbeit und Holocaust sowie zum Thema Europa.

Moshe Zimmermann
Wende in Israel
Zwischen Nation und Religion

Aufbau Taschenbuch Verlag

Herausgegeben von Wilhelm von Sternburg

ISBN 3-7466-8501-X

1. Auflage 1996
© Aufbau Taschenbuch Verlag GmbH, Berlin 1996
Umschlaggestaltung Preuße/Hülpüsch unter Verwendung
eines Fotos von André Brutmann, Pressefotograf
Satz LVD GmbH, Berlin
Druck Elsnerdruck GmbH, Berlin
Printed in Germany

Inhalt

Vorwort des Herausgebers **7**
Wende in Israel **13**
Was bedeutet der Begriff »Judenstaat« **15**
Der Wandel im säkularen Charakter des Zionismus **19**
Der Zionismus im jüdischen Nationalismus **23**
Die ersten zwanzig Jahre des Staates Israel –
  Wandel durch Einwanderung und Eroberung **25**
Friedensprozeß und Demokratie **30**
Historiographie der Wende: »Neue Historiker«
  und »Post-Zionismus« **41**
Wer ist der »echte« Zionist? Selbstbehauptung
  durch Diskreditierung **47**
Die Macht der Symbole: Jerusalem **52**
Was heißt »judenrein«? Das Problem jüdischer
  Siedlungen in den besetzten Gebieten **61**
Israelische Ängste: Persönliche Sicherheit und
  Wasserknappheit **71**
Traumata und Instrumentalisierung: Die Rolle der
  Shoah **83**
Das Militär – Garant der Sicherheit? **100**
Kulturkämpfe **111**
Ausblick **125**

Vorwort des Herausgebers

Am 14. Mai 1948 lauschten Tausende in den Städten oder in den über das ganze Land verstreuten Kibbutzim der Stimme aus dem Radioempfänger. Der Traum der Zionisten war Wirklichkeit geworden: Knapp 2000 Jahre nach der Zerstörung des Tempels durch die Legionäre des Titus gab es wieder einen jüdischen Staat. David Ben-Gurion vollzog mit seinem Gründungsaufruf eine Entscheidung der Vereinten Nationen vom 29. November 1947, die eine Teilung Palästinas zwischen Juden und Arabern vorsah. Zerstreuung über die ganze Welt und vielfache Verfolgung waren in den Jahrhunderten zuvor das Schicksal des jüdischen Volkes gewesen. Aber es gelang den Juden in der Diaspora ein beispielloses Unterfangen: Die kulturell-religiöse Gemeinschaft blieb erhalten. »Nächstes Jahr in Jerusalem« wurde für unendlich viele jüdische Menschen eine prophetische Utopie.

Theodor Herzl begründete den Zionismus. Aus dem persönlichen Erlebnis des Dreyfus-Prozesses, den der Korrespondent der Wiener »Neuen Presse« in Paris beobachtete, zog er die Schlußfolgerung, nur ein eigener jüdischer Staat schütze sein Volk vor dem offensichtlich unbesiegbaren und selbst in kulturell hochstehenden Völkern verbreiteten Antisemitismus. Aber Herzls

Vision wurde auch vom Zeitgeist getragen. Die Ideologie des Nationalismus, durch die Etablierung des deutschen und des italienischen Reiches Anfang der siebziger Jahre folgenreich bestätigt, beherrschte um die Jahrhundertwende endgültig die internationale Politik.

Der Zionismus fand zunächst im westeuropäischen und amerikanischen Judentum ein geringes Echo. Die politisch-gesellschaftliche Assimilation der jüdischen Bürger war hier mit der nach der Französischen Revolution einsetzenden gesetzlichen Gleichstellung weit fortgeschritten. Es waren vor allem junge Menschen und Mitglieder der jüdischen Gemeinden in Osteuropa – wo regelmäßig wiederkehrende Pogrome alptraumartig über dem Alltagsleben der Juden lagen –, die im Zionismus eine politische Heimat fanden. Die ersten, zahlenmäßig keineswegs umfangreichen Einwanderungsgruppen kamen in den achtziger Jahren des vorigen Jahrhunderts nach Palästina. In dem dünn besiedelten, kargen und von fernlebenden arabischen Grundbesitzern beherrschten Land blieben die Juden eine zunächst geduldete Minderheit. Wesentlich mehr jüdische Auswanderer aus dem osteuropäischen Raum fanden ihre neue Heimat in der k. u. k. Monarchie, in Deutschland und vor allem in den Vereinigten Staaten. Herzl hatte im übrigen keineswegs beim Beginn seiner politischen Arbeit nur Palästina als Ort der Staatsgründung im Blick. Längere Zeit etwa verhandelte er über eine jüdische Besiedlung Ugandas.

Die zionistische Politik erlebte während des Ersten Weltkriegs ihren ersten dramatischen Höhepunkt. Mit der Balfour-Deklaration vom November 1917 stellte die damalige Vormacht im Nahen Osten, Großbritannien, die »Errichtung der jüdischen nationalen Heimstatt« in Palästina in Aussicht. Als London jedoch 1920 das Völkerbundsmandat über diese Region übernahm, wurde Palästina ein strategischer Dominostein des Empires, und ein eigenständiger Staat der Juden paßte nicht in die Planung der in den arabischen Ländern agierenden Briten. Entscheidend wurde schließlich der Zweite Weltkrieg und vor allem die Shoah, die Vernichtung des europäischen Judentums durch den Nationalsozialismus. Nach langen Kämpfen gegen die arabischen Nachbarn und die britische Mandatsmacht, getragen von den jüdischen Siedlern und den Untergrundbewegungen, war der Zionismus am Ziel: Der Staat Israel wurde in die politische Weltkarte eingezeichnet.

Es begann ein jahrzehntelanger Überlebenskampf des jungen Staates. Die arabische Welt, schon seit den dreißiger Jahren mit der Waffe gegen die Zionisten antretend, verweigerte dem Teilungsplan der UN ihre Zustimmung und ließ ihre Armeen unmittelbar nach der Staatsgründung einmarschieren. Es gelang den Israelis, den Versuch einer militärischen Revision des UN-Beschlusses abzuwehren. In drei weiteren Kriegen etablierte sich der jüdische Staat, wurde – mit massiver Unterstützung der Vereinigten Staaten – zur militärischen Vormacht in Nahost.

In den knapp fünfzig Jahren seiner Existenz hat Israel einen tiefen Wandel erlebt. In den ersten beiden Jahrzehnten waren es die europäischen Einwanderer, die Politik und Kultur des Landes bestimmten. Wie bei vielen Neuanfängen gab es auch in der israelischen Gesellschaft den Traum von Gerechtigkeit, Gleichheit und Emanzipation. Die Ideen des europäischen Sozialismus hatten die Staatsgründergeneration geprägt. Juden waren überproportional zu ihrem Bevölkerungsanteil in den Reihen der russischen Revolutionäre oder der deutschen Linken der Weimarer Jahre zu finden gewesen. In der in Israel überaus populären Kibbutzim-Bewegung oder in der überragenden Stellung der Histadrut-Gewerkschaft spiegelte sich diese Haltung wider. Der Staat der Juden wurde zur einzigen Demokratie im Nahen Osten.

Über der israelischen Gesellschaft aber lag das Trauma der Shoah, dem in der modernen Menschheitsgeschichte unvergleichlichen Schlußpunkt einer jahrtausendealten Verfolgung. Es verband sich mit den existentiellen Kämpfen gegen die feindlichen arabischen Nachbarn. Sicherheit wurde zum Schlüsselbegriff aller politischen Entscheidungen in diesem Land.

Die innenpolitische Lage erfuhr durch die Einwanderungswellen der orientalischen Juden allmählich eine einschneidende Veränderung. Mit dem Wahlsieg Menachem Begins und seines Likud-Bündnisses 1977, die ihre Mehrheit durch die Stimmen der sephardischen Neubürger erzielten, endete die Ära der »europäischen« Zionisten. Zu ihnen hatten die Regierungschefs und Führer der Arbeiterpartei Ben-Gurion, Levi Eshkol, Golda Meir und Shimon Peres, der gemeinsam mit dem in Palästina geborenen Yitzhak Rabin noch einmal eine kurzlebige Regierungsführung des linken Flügels in der israelischen Politik erringen konnte, gezählt. Die Folgen waren bald sichtbar: Die israelische Gesellschaft radikalisierte sich. Verführt vom überragenden militärischen Sieg im Jahr 1967, begannen 10 Jahre später unter Begin die Siedlungsprogramme in den besetzten arabischen Gebieten und in Jerusalem eine dramatische Entwicklung zu nehmen, das »biblische« Israel wurde für die Rechte im Land zu einem politischen Postulat.

Das Judentum ist in besonderem Maße von der Religion geprägt. Sie war in den Jahrhunderten der Diaspora eine entscheidende Klammer der Zusammengehörigkeit, und sie besaß auch im laizistischen Staat Israel ein unübersehbares Gewicht. Sie stand und steht – etwas pauschal gesagt – im Gegensatz zum Zionismus. Mit dem Wahlsieg der israelischen Rechten haben die religiösen Kleinparteien im politischen Machtspiel die Rolle der Regierungsmacher übernommen, ihre Mandate entschieden über die Koalitionsbündnisse. So war es auch im Mai 1996, als der neue Likud-Star Benjamin Netanyahu seine Regierung bildete.

Netanyahus Wahlerfolg hat nicht nur in der arabischen Welt, sondern auch bei Israels westlichen Verbündeten die Sorge verstärkt, daß der in Madrid anvisierte und dann in Oslo vertraglich konkretisierte Friedensprozeß gestoppt werden könnte. Der junge Staat der Juden steht zweifellos an einem Wendepunkt.

Der israelische Historiker Moshe Zimmermann, dessen Eltern Ende der dreißiger Jahre aus Hamburg nach Palästina emigrierten, gehört seit Jahren zu den kritischen Beobachtern der politisch-gesellschaftlichen Entwicklung in seinem Land. Seine Studie über die tiefgreifenden Veränderungen, die Israel in den letzten Jahrzehnten erfahren hat, eröffnen vielfach übersehene Blickwinkel, die deutlich machen, vor welch spannungsgeladenen innen- und außenpolitischen Auseinandersetzungen das Land steht. Zimmermanns brillante Analyse erscheint in dieser Reihe Aufbau Thema auch, weil das Schicksal des jungen Staates uns angesichts der unheilvollen historischen Verbindungen nicht gleichgültig sein kann und darf.

Wende in Israel

Die Schüsse, die den israelischen Ministerpräsidenten Yitzhak Rabin am Abend des 4. November 1995 tödlich trafen, signalisierten in Israel nicht nur das Ende der Regierung der *Mifleget haAvoda* – der Arbeitspartei. Implizit verwiesen sie auch auf das Ende des klassischen Zionismus, der staatstragenden Ideologie Israels. Das Attentat auf Yitzhak Rabin war eine Konsequenz des schleichenden Prozesses der Vereinnahmung des zionistischen Staates durch die Ideologie seines ursprünglichen Gegners, der ethnozentrisch-religiös-orthodoxen Richtung des Judentums. Die verbale Fassade, die unmittelbar nach dem Mord an Rabin in der öffentlich-politischen Diskussion noch aufrechterhalten wurde, verdeckte diesen Umstand zunächst. Aber spätestens im Wahlkampf 1996 und nach dem Wahlsieg der ausdrücklichen Gegner der Rabin-Peres-Politik im Mai 1996, also knapp sieben Monate nach den Schüssen auf Rabin, brach diese Fassade zusammen. Es zeigte sich der wahre Sachverhalt: Die Epoche des Zionismus ist nach hundert Jahren beendet.

Was bedeutet der Begriff »Judenstaat«?

Die Basis dieser dramatischen Schlußfolgerung vom Ende des Zionismus wird implizit durch die erste Aussage des Rabin-Mörders, Yigal Amir, unmittelbar nach seiner Verhaftung durch die Polizei noch am Ort des Tatgeschehens illustriert: »Schaut euch das Publikum an« – gemeint waren Tausende von Menschen, die sich auf dem *Platz der Könige Israels* (jetzt *Rabinplatz*) in Tel Aviv zu einer Friedensdemonstration versammelt hatten –, »die Hälfte davon sind Araber.«

Daß Amirs Statistik unfundiert war, blieb zunächst irrelevant. Seine Aussage lief darauf hinaus, daß Regierung und Politik Rabins für ihn und viele andere ihre Legitimität verloren hatten, weil sie zum Teil von der arabischen Bevölkerung Israels – zirka 18% der israelischen Staatsbürger – getragen wurden und nur mit Hilfe der arabischen Parteien in der Knesset, dem israelischen Parlament, eine Mehrheit gewonnen hatten. Tatsächlich hatte die Regierungskoalition in der Knesset insgesamt nur eine hauchdünne Mehrheit von 61 gegenüber 59 Sitzen der Opposition. Von den Sitzen der Regierungskoalition entfielen 44 auf die Arbeitspartei, 12 auf die links-liberale Bürgerrechtspartei *Merez* und fünf auf die beiden Parteien der israelischen Araber.

Für Yigal Amir und etliche andere Israelis ist der Judenstaat also *per definitionem* ein jüdischer Staat im Sinne der religiösen Orthodoxie auf der Basis einer ethnozentrischen Ideologie, wobei nicht nur Amir und seine Sympathisanten, sondern auch eine Mehrheit der jüdischen Bevölkerung in Israel glauben, sie stünden mit dieser Ansicht von einem »jüdischen Staat« auf dem Boden des authentischen, klassischen Zionismus. Daß dieser Irrtum tatsächlich von der jüdischen Bevölkerung in Israel bzw. vom israelischen Judentum mehrheitlich geteilt wird, belegt das Wahlergebnis vom 29. Mai 1996 ganz offiziell: Mehr als 22% der jüdischen Wähler – mehr als jemals zuvor – wählten direkt eine religiöse Partei, während sich 30% der jüdischen Wähler für nationalistische Parteien entschieden, die ebenfalls für das Prinzip eines »jüdischen Staates« eintreten. Dies ergibt eine klare Mehrheit für einen »jüdischen Staat« unter der jüdischen Bevölkerung.

Die 120 Sitze der Knesset verteilen sich nach den letzten Wahlen folgendermaßen:

Linksparteien

Arbeitspartei	34	
Merez	9	
Hadash + Mada	9	insgesamt 52
(mehrheitlich arabische Parteien)		(statt zuvor 61)

Rechtsparteien

Likud	32	
(national-liberal)		
Moledet	2	
(Transfer-Partei)		Insgesamt 37
Dritter Weg	3	
(gegen Verzicht auf den Golan)		

Rechtsreligiöse Parteien

Mafdal (national-religiös)	9	
Shas (orthodox, orientalische Wähler)	10	insgesamt 23
Aguda (Ultraorthodox)	4	

Israel be-Aliyah 8
(Partei der
GUS-Neueinwanderer)

(Die linken »jüdischen« Parteien erhielten also 43 Mandate und die rechten mindestens 60.)

In Wirklichkeit handelt es sich jedoch bei einer derartigen ethnozentrisch-religiösen Definition des »Judenstaates« um eine radikale Abkehr vom ursprünglichen, Ende des 19. Jahrhunderts entstandenen Zionismus und eine Umkehrung seines Verständnisses. Gerade weil Begriff und Bezeichnung »Zionismus« von den Vertretern dieser Anschauung eines national-religiösen Staates beibehalten werden, geht es hier um eine Usurpation des ursprünglichen Begriffes und der damit bezeichneten Bewegung. Der aktuelle Erfolg dieser Art des »Zionismus« bei den Parlamentswahlen in Israel kommt dem Scheitern des »klassischen« Zionismus und seiner Delegitimierung gleich. Die kurz nach den Wahlen von den religiösen Partnern der Regierungskoalition erhobene Forderung, die neue, rechtsorientierte Regierung Israels solle künftig wichtige »jüdische« Entscheidungen allein aufgrund der Abstimmung von jüdischen Parlamentsabgeordneten treffen, demonstriert eindeutig, wie selbstverständlich eine ethnozentrische, national-religiöse Konnotation des Begriffes »jüdisch« im politischen Diskurs in Israel und im Kontext des Zionismus inzwischen geworden ist.

Die politischen Kräfte in Israel, die nach nur vier Jahren der Regierungsausübung im Mai 1996 in die Opposition geschickt wurden, sehen sich zunehmend mit einer relativ jungen Version des Zionismus konfrontiert, mit einer sich zionistisch nennenden Agglomeration von Parteien, die den Begriff »Judenstaat« mit alt-neuen Inhalten füllt. Die sich schon seit langem kontinuierlich abzeichnende Verdrängung des klassischen Zionismus und seiner Werte aus Politik, Gesellschaft und Kultur Israels scheint nun ihren kritischen Höhepunkt erreicht zu haben. Sie fand bereits während der *Likud*-Regierung (1977–1992) unter den Ministerpräsidenten Menachem Begin und Yitzhak Shamir einen ersten konsequenten Ausdruck. Die Regierungszeit von Rabin und Peres zwischen 1992 und 1996 war zu kurz, um die Entwicklung aufhalten zu können. Paradox an diesem Sachverhalt ist, daß die vom linken Flügel des politischen und akademischen Spektrums geäußerte Kritik, die sich verstärkt gegen diesen national-religiösen Zionismus und seine Auswirkungen richtet, als »postzionistisch« bezeichnet wird und sich auch teilweise selbst so bezeichnet. Eigentlich sollte die vom rechtsreligiösen Lager getragene, romantisch-ethnozentrische Version des Zionismus dieses Attribut erhalten, denn sie ist es, die den authentisch-klassischen Zionismus abgelöst hat.

Der Wandel im säkularen Charakter des Zionismus

Eine erste jüdische Nationalbewegung war in den letzten Jahrzehnten des 19. Jahrhunderts entstanden. Die sich »zionistisch« nennende national-jüdische Organisation wurde von dem aus Österreich-Ungarn stammenden Theodor Herzl erst 1897 ins Leben gerufen. Der Zionismus, d. h. die Ideologie der Zionistischen Bewegung und Organisation, ist also an sich im Hinblick auf die lange jüdische Geschichte eine relativ junge Erscheinung. Zionistische Bewegung und Organisation waren zeitgemäße, europäische Antworten auf die sogenannte »Judenfrage« des 19. Jahrhunderts, also eine europäisch-jüdische Version des europäischen Nationalismus bzw. der nationalen Befreiungsbewegungen in Europa. Jüdisch-nationale Vereinigungen, darunter auch die von Theodor Herzl gegründete Zionistische Organisation, hatten bewußt zu dem Adjektiv »zionistisch« gegriffen, um dem Vorwurf der doppelten Loyalität zu entgehen, der die Bezeichnung »jüdisch-national« begleitete, ein Vorwurf, der von jüdischer und nichtjüdischer Seite immer wieder gegen jüdisch-national Gesonnene erhoben wurde. Als »Zionist« konnte man jüdisch-national sein, ohne sich von der jeweiligen europäischen Nation, deren Staatsbürger man war, lösen und auf den Wohnsitz in Europa zugunsten einer Emigration nach Palästina verzichten zu müssen. Die inhaltliche Bedeutung des Zionismus wurde von dem Programm festgelegt, das auf dem Ersten Zionistischen Kongreß in Basel verabschiedet wurde. Nach diesem Programm ging es dem Zionismus um »die Schaffung einer öffentlich rechtlich gesicherten Heimstätte für das jüdische Volk in Palästina«, also um die Gewährleistung einer alternativen Heimat in Palästina, und zwar in erster Linie für die notleidende, durch Pogrome oder ökonomische Verhältnisse ohnehin zur Emigration gezwungene jüdische Bevölkerung Osteuropas. Für alle anderen Juden, die sich dem Zionismus anschlossen, bedeutete der Zionismus Hilfe und Unterstützung für das jüdische Zentrum in Palästina und vor allem – so das Baseler Programm – »die Stärkung des jüdischen Volksgefühls und Volksbewußtseins«.

In Herzls programmatischem Buch »Der Judenstaat« und in seiner Zukunftsvision »Altneuland« (1902) tritt der liberale, demokratische und europäische Charakter der jüdischen Heimstätte bzw. des Judenstaates eindeutig hervor. Das neue jüdisch-nationale Gemeinwesen sollte einen modernen, fortschrittlichen, säkularen Charakter haben. Die jüdische Religion aber sollte im Sinne des modernen Staates eine geschützte Privatsphäre darstellen, keine Staatsreligion. Eine jüdische Theokratie in Palästina war ebenso wie die Hegemonie des religiösen Establishments oder gar das Monopol des orthodoxen Judentums in Palästina oder in der jüdischen Diaspora von vornherein ausgeschlossen.

In Europa hat die Mehrheit der religiösen, frommen, orthodoxen Juden (um alle Synonyme zu benutzen) den Zionismus daher von Anfang an prinzipiell abgelehnt: Diese säkulare Version des jüdischen Messianismus hielten religiöse Kreise für gefährlicher als die herkömmliche, religiöse Art des Messianismus. Die verschwindend kleine Minderheit im religiösen Judentum, die sich zu einem religiösen Zionismus bekannte und die säkulare Bewegung als »einen Anfang der Erlösung« interpretierte, blieb auch innerhalb des organisierten Zionismus eine Minderheit, die zwar ständig versuchte, antireligiöse Strömungen in der Bewegung zu bekämpfen, eine Dominanz jüdisch-religiöser Inhalte jedoch nicht als realpolitisches Ziel ansah. So wurde das Programm der religiös-zionistischen *Misrachi-Partei* (Partei des kulturellen Zentrums) im Jahre 1904 mit der Begründung vorgelegt, es gebe »innerhalb der zionistischen Bewegung Raum für Vertreter aller Anschauungen«.

Doch bereits zu diesem Zeitpunkt konnte man die expansionistischen Ansprüche dieser religiösen Richtung innerhalb des Zionismus erkennen. Die kulturelle Gegenwartsarbeit des Zionismus, so hieß es, könne »nur von denen in ersprießlicher Weise vollbracht ... (werden), die fest auf dem Boden des gesetzestreuen Judentums ... stehen«. Und schon damals hielt man die Erfüllung des »Endziels des Zionismus«, nämlich die »Wiedergeburt des jüdischen Volkes« in Palästina, für »undenkbar ohne ... den Geist der Thora ... ohne Vertiefung der jüdischen gesetzlichen Praxis«. Auf dieses Ziel arbeiteten die religiösen Zionisten seither hin. Und letztlich waren sie erfolgreich, weil die säkulare Mehrheit diese Absichten unterschätzte. Der in der Gegenwart zunehmend religiöse Charakter des Zionismus ist also eine an sich paradoxe Entwicklung, die die ursprünglichen historischen Verhältnisse praktisch auf den Kopf stellt.

Das liberale Reformjudentum, das für sich im 19. Jahrhundert im Westen, insbesondere in Deutschland und Amerika, eine Position der Hegemonie erkämpfen konnte, durchlief allerdings keine entsprechende Entwicklung innerhalb des Zionismus. Die religiös-liberalen Juden lehnten ebenso wie die Orthodoxen vom ersten Moment an den Zionismus als säkularen Messianismus entschieden ab und bezeichneten ihn als Verrat an der von Gott dem jüdischen Volk gebotenen Aufgabe, in der Diaspora die göttliche Lehre unter den Völkern zu verkünden. Diese Haltung wurde bis zur Gründung des Staates Israel nicht aufgegeben. Daher konnte sich innerhalb der zionistischen Bewegung keine religiös-liberale Partei etablieren. Jüdische Religion im Zionismus blieb stets mit der Orthodoxie identisch. Für das liberale Judentum, für das Reformjudentum war im Zionismus kein Raum. Im Staat Israel wurde ein orthodoxes Rabbinat zur staatlichen Institution, in deren Rahmen keine Reformtätigkeit zugelassen ist. Vor allem aus Amerika kommende Reformjuden konnten sich dem israelischen Zionismus auch dann nicht mehr anschließen, als sie nach der Gründung des Staates Israel eine prozionistische Haltung entwickelten. Sehr im Gegensatz zum orthodoxen Judentum geriet die moderne Variante der jüdischen Religion für den Zionismus in Israel ins Abseits. Diese Entwicklung war historisch eher konsequent und hob das in der Verflechtung von Zionismus und religiöser Orthodoxie liegende paradoxe Verhältnis noch stärker hervor. Die Elemente, die das israelische Establishment aus den Quellen der Religion übernahm, stammten im wesentlichen aus dem unmodernen oder gar antimodernen Bereich der Überlieferungen, während im Laufe der Zeit auch die zu Toleranz und Modernität neigenden Elemente des orthodoxen Judentums, insbesondere die »Neue Orthodoxie«

aus Deutschland mit ihrem Versuch, jüdische Orthodoxie mit bürgerlichen Vernunftwerten (*Thora im-Derech-Eretz*) zu verbinden, verlorengingen.

Der Zionismus im jüdischen Nationalismus

Der Zionismus war ursprünglich eine kleine und sogar marginale säkulare Bewegung im Judentum. Auch besaß er keineswegs ein Monopol zur Vertretung des jüdischen Nationalismus und hatte ja, wie bereits erwähnt, die Bezeichnung »jüdisch-national« bewußt vermieden. Neben dem Zionismus existierte die autonomistische Bewegung als eine starke, national-jüdische Bewegung, deren Ideologe der Historiker Simon Dubnow war. Diese Bewegung betonte die kulturelle Autonomie der jüdischen Bevölkerung, nicht die territoriale Konzentration und die Staatlichkeit als entscheidende Merkmale eines jüdischen Nationalismus. Die ideologische Tendenz der Autonomisten wurde innerhalb des jüdischen Sozialismus in Osteuropa stark unterstützt: Der »Bund der jüdischen Arbeiter«, ursprünglich das größte Kontingent in der russischen Sozialdemokratie, institutionalisierte diese autonomistische Vorstellung eines jüdischen Nationalismus in den eigenen Reihen. Daß letztlich jedoch der Zionismus einen Alleinvertretungsanspruch auf den jüdischen Nationalismus durchsetzen konnte, war nicht das Ergebnis eines »freien Wettbewerbs« zwischen den verschiedenen Strömungen in der jüdischen Nationalbewegung, sondern vor allem eine Folge der nationalsozialistischen Politik – nicht nur Simon Dubnow wurde 1941 von NS-Kollaborateuren im Ghetto von Riga ermordet, auch die große Masse der Befürworter eines jüdischen Autonomismus fiel dem Morden der Nationalsozialisten zum Opfer. Darüber hinaus darf man nicht vergessen, daß es bis zum Ersten Weltkrieg innerhalb des Zionismus zugleich die Strömung der »territorialen Zionisten« gab, die nicht auf Palästina ausgerichtet war. Überblickt man diesen weiteren national-jüdischen Kontext des Zionismus in seiner Anfangszeit, so tritt das Paradoxe der gegenwärtigen Form des Zionismus besonders deutlich hervor.

Nun weist aber auch der Umgang mit dem Begriff »Zionismus« selbst auf eine paradoxe Entwicklung. Die eingangs genannte Definition des Zionismus als Ideologie einer modernen jüdischen Nationalbewegung des 19. Jahrhunderts wird von den Vertretern der national-religiösen Version des Zionismus in der Gegenwart strikt abgelehnt. Nach ihrer Geschichtsinterpretation steht der Zionismus nur rein formaltechnisch oder konjunkturell mit der Gründung des Vereins »Zion« durch Professor Hermann Schapiro im Jahre 1884 oder mit der Gründung der Zionistischen Organisation 1897 im Zusammenhang. Vielmehr sei der echte Zionismus – gemäß der national-religiösen Anschauung – eine bereits seit der Zerstörung des zweiten Tempels in Jerusalem im Jahre 70 n. u. Z. im Judentum existierende Bewegung, an der die Entwicklungen im späten 19. Jahrhundert nichts Wesentliches geändert hätten – von der massiven Umsetzung in die Praxis vielleicht einmal abgesehen. Eine derartige Haltung kann leicht und ohne Probleme eine moderne Betrachtung der jüdischen Geschichte ignorieren und nicht nur die herkömmliche traditionelle Geschichtsinterpretation durch ein alternatives Geschichtsverständnis ersetzen, sondern auch einer religiös-romantisch fundierten Politik eine historische Legitimation verleihen. Wenn der Zionismus tatsächlich bereits seit 2000 Jahren existiert, dann stellt diese Erkenntnis wohl in der Tat etwas außerordentlich Revolutionäres – oder vielmehr Konterrevolutionäres – dar.

Die ersten zwanzig Jahre des Staates Israel – Wandel durch Einwanderung und Eroberung

Die Veränderungen des ursprünglich säkularen Charakters des Zionismus und der israelischen Gesellschaft können nicht allein mit den Zugeständnissen erklärt werden, die die zionistische Führung vor und hauptsächlich nach der Gründung des Staates Israel den religiösen Sektoren der Gesellschaft gegenüber zu machen bereit war. Doch auch die seit Ende der siebziger Jahre im Nahen Osten allgemein zu beobachtende Zunahme des religiösen Fundamentalismus bietet keine ausreichende Erklärung für den Wandel. Vielmehr haben im wesentlichen zwei soziale und politische Faktoren diese Entwicklung in Israel herbeigeführt: die Masseneinwanderung von Juden aus islamischen, also nichteuropäischen Ländern in den Jahren nach der Staatsgründung 1948 sowie der Sechs-Tage-Krieg von 1967.

Die Zionistische Organisation hatte ursprünglich mit einer Massenauswanderung europäischer und vor allem osteuropäischer Juden nach Palästina gerechnet; denn als nationale Bewegung des europäischen Judentums trachtete der Zionismus selbstverständlich prinzipiell danach, die »europäische Judenfrage« zu lösen. Dies darf nicht verwundern, denn als die jüdische Nationalbewegung entstand, waren noch mehr als 85% aller Juden europäische Juden. Die jüdische Bevölkerung in Asien und Afrika stellte damals zirka 6% des gesamten Judentums. Nachdem jedoch im Zuge der «Endlösung der Judenfrage in Europa« unter Hitler und dem Nationalsozialismus ein Drittel der Judenheit ermordet worden war, Stalin dem in der Sowjetunion lebenden Sechstel aller Juden die Auswanderung untersagt hatte und Juden, die im Westen eine Heimat gefunden hatten, in der Emigration nach Palästina keine attraktive Alternative sahen, blieb der Führung des israelischen Zionismus 1948 nichts anderes übrig, als sich für die vergessenen Glaubensbrüder in den islamischen Ländern, dem einzigen realen demographischen Reservoir, das für eine potentielle Einwanderung nach Israel in Frage kam, zu interessieren und sie zur Immigration nach Israel zu bewegen.

Scheinbar war der Zionismus in dem jungen Staat damit erfolgreich: Innerhalb von sieben Jahren (1948 bis 1955) hatte sich die jüdische Bevölkerung des Staates nahezu verdreifacht. Mehr als 800 000 Einwanderer waren in dieser Zeit nach Israel gekommen – mehr als die Hälfte aus Asien und Afrika. Dies entsprach einer demographischen Revolution, die die Väter des Zionismus nicht hatten ahnen können. Statt einer Gründungsgesellschaft, deren Mitglieder zu 90% aus Europa stammten, existierte im Jahre 1955 in Israel eine Gesellschaft, die nur noch zu ungefähr 60% einen europäischen Herkunftshintergrund hatte. Mit Ausnahme einer europäisch geprägten und daher bereits vor 1948 mit dem Zionismus in Verbindung stehenden Elite im Irak, aber auch in Algerien und Tunesien hatte die Mehrheit der sogenannten orientalischen Juden weder zu den europäischen Vorstellungen einer säkularen Gesellschaft oder eines säkularen jüdischen Nationalismus noch zu den fanatisch-religiösen Elementen des europäischen Judentums einen Bezug. Für diese Neueinwanderer hatte der Begriff »Zionismus« eine Bedeutung, die außerhalb des europäischen Kontextes lag und eher religiös, territorial und sakral besetzt war.

Als die orientalischen Neueinwanderer der späten vierziger und fünfziger Jahre nach geraumer Zeit der Bevormundung durch die altansässigen Eliten europäischer Herkunft begannen, sich auf ihre eigenen Traditionen zu besinnen, stellten sie auch die »klassische« europäische Definition des Zionismus, die bereits von religiöser Seite stark angegriffen worden war, in Frage. Spätestens die Wende von 1977, in der die Arbeiterpartei (heute Arbeitspartei) nach 29 Jahren (und weiteren 30 Jahren der Hegemonie in der vorstaatlichen Gesellschaft) die Regierungsgewalt verlor, bereitete den orientalischen Juden, die mehrheitlich die Regierung Begins unterstützten, den Weg für eine alternative Interpretation der zionistischen Ideologie. Wie gefährlich die Verknüpfung zwischen dieser Tradition und der Durchsetzung des Zionismus mit Religion nach jüdisch-europäischem Muster ist, demonstrierte letztlich die Tat Yigal Amirs, der als Person zwar eine extreme Ausnahme, jedoch ein Produkt dieser explosiven Konstellation ist.

Darüber hinaus trug der Sechs-Tage-Krieg erheblich zu einer Entsäkularisierung des Zionismus bei. Der militärische Sieg der israelischen Streitkräfte und die Eroberung der Gebiete Palästinas, die biblische Assoziationen wecken – Jerusalem, Hebron, Nablus und viele andere mehr –, schufen eine neue Beziehung zwischen der Staatsideologie und dem Territorium, dem Land. Es entstand eine israelische »Blut-und-Boden-Ideologie«, die das »Blutopfer« für die Eroberung der »Heiligen Stätten« als Argument für die Neugestaltung der zionistischen Ideologie und des Staates anwenden sollte.

Israel in den Grenzen von 1949 – also in den durch den Waffenstillstand mit den arabischen Nachbarländern (die die Existenz des neuen Staates allerdings nicht anerkennen wollten) bezeichneten Gebieten – umfaßte demgegenüber die weniger traditionsreichen Regionen des Landes. Die urbanen Zentren Israels zwischen 1948 und 1967 waren neue jüdische Städte wie Tel Aviv (1909 gegründet), Haifa (in der Bibel nicht erwähnt) und West-Jerusalem (ohne den eigentlichen Kern, die Altstadt, in Ost-Jerusalem). Diese modernen Städte und die neuen landwirtschaftlichen Siedlungen hatten letztlich bis 1967 den Charakter des Staates Israel geprägt. Das änderte sich im Jahre 1968, als national-religiöse Siedler begannen, sich in von Palästinensern bewohnten Städten und Gebieten niederzulassen. Diese neuen jüdischen Siedlungen in den besetzten Gebieten erhielten biblische Namen – Kiryat Arba, Beit El, Givon –, Namen, die fortan nicht nur die Siedlungen in den von Israel besetzten Gebieten, sondern auch den Staat selbst und die staatstragende Ideologie prägen sollten. Auch die Tatsache, daß man die besetzten Gebiete westlich des Jordans, also die Westbank, altbiblisch als »Judäa und Samaria« bezeichnete, war von weitreichender politischer Bedeutung.

Beide Aspekte verbanden sich 1977 erstmals im Wahlverhalten der israelischen Bevölkerung und führten zu Menachem Begins Wahlerfolg in jenem Jahr: Begins Partei, der *Likud*, wurde in erster Linie von orientalischen Juden gewählt (etwa 60% der *Likud*-Wählerschaft), die auf diese Art und Weise ihre Reserviertheit gegenüber dem System der »europäischen« Arbeiterpartei äußerten. Doch auch die Stimmen der Anhänger der Siedlungspolitik in der Westbank (Judäa und Samaria) fielen dem *Likud* zu. Und so erhielten in diesem Wahlergebnis die aufgezeigten Tendenzen zum ersten Mal eindeutig einen politischen Ausdruck: Der *Likud* war zur größten Partei (33,4%) geworden und hatte die Arbeiterallianz des *Ma'arach* (24,6%) überholt; er ging auch eine Koalition mit allen religiösen Parteien ein, die damals insgesamt 13,9% der Wählerstimmen auf sich vereinigen konnten, sowie mit dem rechtsradikalen Ariel Sharon (1,9%). Damit war die Wende in der israelischen Politik vollzogen und eine Entwicklung eingeleitet, die sich letztlich nach der kurzen Unterbrechung der Jahre 1992–1996 im Sieg des *Likud* in den Mai-Wahlen 1996 fortsetzen konnte! Und damals wie heute waren auch Parteien, die sich zuvor vom Arbeiterblock abgespalten hatten, bereit, in die rechtsorientierte Koalition einzutreten. Vor diesem Hintergrund ist die politische Konstellation, die sich 1992 durch den Wahlsieg Rabins ergab, nicht mehr als ein Interludium gewesen, das eher einer Erklärung bedarf als die Wiederkehr der Koalition zwischen *Likud* und religiösen Parteien im Mai 1996.

Friedensprozeß und Demokratie

Der Friedensprozeß zwischen Israel und seinen arabischen Nachbarländern begann nicht erst 1992, sondern bereits vor etwa 20 Jahren. Schlüssel zu diesem Prozeß waren zwei im Vorfeld liegende Ereignisse. Es handelte sich zunächst um die Distanzierung Ägyptens von der Sowjetunion bei gleichzeitiger Annäherung an die Vereinigten Staaten von Amerika (1971) sowie um die Niederlage Israels im Yom-Kippur-Krieg von 1973. Zwar konnte Israel gegen Ende des Krieges ägyptische Gebiete auf der afrikanischen Seite des Suez-Kanals erobern, doch die entscheidenden Elemente dieses Krieges waren nicht Gebietseroberungen, sondern die überraschende und erfolgreiche Offensive gegen Israel am 6. 10. 1973 sowie der Untergang des Mythos von der unbesiegbaren israelischen Armee. Erst als die Ägypter gewissermaßen als Sieger bereit waren, mit dem »zionistischen Gebilde« – also mit Israel – in Verhandlungen einzutreten, die von den Vereinigten Staaten als Supermacht ohne besondere Rücksicht auf die zweite Supermacht dirigiert werden konnten, öffnete sich der Weg zum Frieden im Nahen Osten. Diese Kombination von amerikanischem Alleingang und israelischen Niederlagen oder Mißerfolgen ermöglichte dann nach der Unterzeichnung des Friedensabkommens zwischen Israel und Ägypten 1979 die weiteren Schritte in Richtung auf eine umfassende Friedensregelung. Vor eben diesem Hintergrund bildete sich die Atmosphäre, in der Frieden auch um einen hohen Preis herbeigeführt werden konnte.

Die überraschende Tatsache, daß ausgerechnet Menachem Begin als Führer des rechten *Likud*-Blockes bereit war, um des Friedens willen auf besetzte Gebiete zu verzichten, ist leicht zu relativieren. Erstens wurde das damalige Abkommen eher von der Opposition der Arbeiterpartei als von den Regierungsparteien begrüßt: Der spätere *Likud*-Ministerpräsident Yitzhak Shamir und die gegenwärtig in der *Likud*-Regierung Netanyahus amtierenden Minister und ehemaligen Generäle Ariel Sharon und Rafael Eitan hatten damals in der Knesset nicht für das Abkommen mit Ägypten gestimmt. Darüber hinaus war die Unterzeichnung des Abkommens ein kluger, für die radikalen Hardliner Sharon und Eitan jedoch zu gewagter Schachzug im Dienste rechtsorientierter Politik: Durch den Friedensschluß mit Ägypten und den Abzug der israelischen Truppen von der Sinai-Halbinsel sollte Ägypten, der stärkste Gegner Israels, beschwichtigt werden, um die besetzten palästinensischen Gebiete – Judäa, Samaria und Gaza – für Israel zu retten. Diese Rechnung ging dann in der Tat auf: Im israelisch-ägyptischen Friedensabkommen wurde Israel zwar gezwungen, den Palästinensern in den besetzten Gebieten Autonomie zu gewähren. Doch solange der *Likud* weiterhin in Israel die Regierungsgewalt in den Händen hielt – also weitere 13 Jahre – verstanden es die verantwortlichen Politiker, diese Autonomie hinauszuzögern. Der hohe Preis für diese Taktik war die *Intifada*, auf deren Bedeutung für die israelische Gesellschaft sogleich näher eingegangen werden soll.

Bedingungen für den Friedensprozeß und seine Fortsetzung waren also neben der Schaffung der Voraussetzungen für einen größeren Freiraum amerikanischer

Außenpolitik die Wende in der israelischen Innenpolitik und weitere Niederlagen oder Rückschläge Israels, die einerseits die Israelis von der Hybris des Jahres 1967 und von der Illusion eines »Ganz-Israel« abbrachten, andererseits jedoch den Arabern erneut Stolz und Selbstbewßtsein verliehen.

Dies geschah in mehreren Schritten: Schon der Libanonkrieg von 1982, für den Menachem Begin und Ariel Sharon die Verantwortung trugen, erwies sich recht bald als ein »israelisches Vietnam«. Als Peres und Rabin in den Jahren 1984/85 infolge der Rotationsvereinbarungen mit dem *Likud* nach den vorgezogenen Wahlen von 1984 die Regierungsgewalt erhielten, konnten sie den Rückzug aus dem Libanon – abgesehen von der sogenannten Sicherheitszone im Süden – durchsetzen.

Ende 1987 begann die *Intifada*, der Aufstand der aller Hoffnungen beraubten Palästinenser – ein weiterer Schlag für die israelische Bevölkerung. Auch hier erwies sich, daß das »Sicherheitsproblem« durch militärischen Einsatz nur unzureichend zu lösen ist. Die israelische Militärmacht konnte gegen einen Volksaufstand selbstverständlich nicht zu den Mitteln greifen, die in einem modernen konventionellen Krieg zum Einsatz gelangen. Die dadurch entstehende Frustration und Hilflosigkeit innerhalb der israelischen Verteidigungsstreitkräfte (hebr. *Zava Haganah le-Israel*; abgekürzt: *Zahal*) und unter der breiten Bevölkerung, die in den besetzten Gebieten militärischen Reservedienst zu leisten hatte, forderte die Bereitschaft, alternative Lösungen zu akzeptieren oder wenigstens zu diskutieren.

Drei Jahre nach dem Ausbruch der *Intifada*, gewissermaßen auf ihrem Höhepunkt, kündigte sich das nächste Debakel an – der Golfkrieg von 1991. Zum ersten Mal seit 1948 war die Zivilbevölkerung in Israel unter Beschuß geraten und somit direkt durch Krieg bedroht. Die israelische Regierung konnte jedoch ihre Streitkräfte wie in der *Intifada* nicht frei zur Verteidigung des Landes einsetzen, weil Israel zu einer von den USA geführten Allianz gehörte, die nach US-Richtlinien handelte. In diesem Krieg war Israel mehr als je zuvor von der amerikanischen Politik direkt betroffen und beeinflußt, was nicht verwunderlich ist: In den Jahren 1989/90 war der Ostblock relativ schnell zerbrochen, der Untergang der Sowjetunion zeichnete sich deutlich ab, so daß Amerika fortan allein die Rolle einer »Weltpolizei« zu spielen hatte. Diese Entwicklung im Zusammenhang mit den genannten Faktoren war es, die die Kontrahenten im Nahen Osten – vor allem die Israelis unter dem *Likud*-Ministerpräsidenten Yitzhak Shamir – an den Verhandlungstisch in Madrid gebracht haben. Ohne das Ende des Kalten Krieges, ohne *Intifada* und Golfkrieg wäre die Madrider Friedenskonferenz im Oktober 1991 nicht denkbar gewesen.

Trotzdem wurde die israelische Politik unter Shamir und seinen Koalitionspartnern aus dem religiösen Lager auch nach der Konferenz von Madrid nicht flexibler. Mehr noch: Selbst Yitzhak Rabin machte im Wahlkampf von 1992, dessen Ergebnis die Arbeitspartei unter Rabins Führung wieder an die Macht bringen sollte, keine radikalen Versprechungen. Yitzhak Rabin war zu jener Zeit sowohl gegen einen Abzug von den Golanhöhen als auch gegen die Anerkennung der PLO und ihrer Vertreter als Gesprächspartner, eine Haltung, mit der er die Stimmen aus dem Sektor rechts von der Mitte gewinnen und die Arbeitspartei im wahrsten Sinne des Wortes in eine »Volkspartei« hatte verwandeln können. Rabins Wahlerfolg war also keineswegs vornehmlich die Folge einer deklarierten neuen Friedensvision. Eher spielten innenpolitische Überlegungen bei diesem Wahlsieg zunächst eine wesentliche Rolle: Die Shamir-Koalition hatte sich als äußerst korrupt erwiesen; die Neueinwanderer aus den Ländern der ehemaligen Sowjetunion (zwischen 1989 und den Wahlen 1992 zirka eine halbe Million Menschen – ein Bevölkerungszuwachs von nahezu 10%) waren in erster Linie Protestwähler gegen die *Likud*-Regierung, die sie für Not und Prestigeverlust der Einwanderer verantwortlich machten. Darüber hinaus konnte Rabin, der als »harter Mann« der Linken, gewissermaßen als Äquivalent zu den Falken im rechten Lager galt, wie bereits erwähnt, die Stimmen der unentschiedenen *Likud*-Wähler für seine eigene Partei gewinnen.

Betrachtet man jedoch die Statistik des Wahlergebnisses von 1992 näher, so zeigt sich, daß der Wahlerfolg Rabins von 1992 eher ein zufälliger, für die Linke allerdings besonders glücklicher Umstand war. Bevor sich die Arbeitspartei für Yitzhak Rabin als Kandidaten für das Ministerpräsidentenamt entschieden hatte, schnitt die Partei in entsprechenden Meinungsumfragen eher schlecht ab, während sich die positive Tendenz der religiösen Parteien fortsetzte. Aber auch als sich aufgrund der soeben genannten innenpolitischen Faktoren eine Tendenzwende zugunsten Rabins und der Arbeitspartei abzeichnete, war die parlamentarische Mehrheit für eine Rabin-Regierung allein aufgrund der

Wählerstimmen aus der jüdischen Bevölkerung noch nicht gewährleistet. Erst mit den fünf Sitzen der beiden Parteien der arabischen Bevölkerung Israels bildeten die 56 Abgeordneten der Arbeitspartei und der linksliberalen Partei *Merez* in der Knesset eine »blockierende Mehrheit« (gegen eine Absetzung der Regierung). Wäre die nach 1977 kontinuierlich in der Knesset vertretene rechtsradikale Partei *HaTchia* (Die Auferstehung) nicht infolge einer internen Abspaltung an der 1,5-Prozent-Klausel gescheitert, so hätte die *Likud*-Koalition auch in den Wahlen von 1992 eine Mehrheit von 61 Parlamentssitzen errungen! Daher muß wiederholt betont werden: Der Sieg der Arbeitspartei von 1992 war ein hauchdünner Sieg, ein konjunktureller Sieg, ein Glücksfall, der zu einer radikalen Wandlung in der Innen- und Friedenspolitik Israels führen sollte.

Die neue Friedenspolitik Rabins, vor allem die direkten Verhandlungen mit der PLO und die sich anschließenden Abkommen mit Yasser Arafat haben wohl sogar Yitzhak Rabin eher überrascht. Aber die Kriegsmüdigkeit der israelischen Bevölkerung nach fünf Jahren *Intifada* und vor allem die aussichtslose Besetzung des Gaza-Streifens, der sich als ein wahrer Herd des Terrors erwiesen hatte, waren Faktoren, die die breite Unterstützung der israelischen Bevölkerung für das Gaza-Jericho-Abkommen von 1993 und den damit verbundenen Rückzug aus dem Gaza-Streifen garantierten. Der Abzug aus dem Gaza-Streifen verlieh der Regierungskoalition Rabins große Popularität. Er vergrößerte den durch die Persönlichkeit Yitzhak Rabins ohnehin gewährleisteten Bonus der Arbeitspartei in den Jahren 1992/93 zusätzlich. Verankert war dieser Bonus ursprünglich und vor allem im vorerst insgesamt erfolgreich erscheinenden Friedensprozeß, der Israel eine friedliche Koexistenz mit den Palästinensern versprach und der israelischen Politik und Wirtschaft das Tor zur arabischen Welt öffnete. Diese Entwicklung war Yitzhak Rabin als wichtige persönliche Leistung angerechnet worden, auch wenn der Untergang der Sowjetunion und der Fall des Eisernen Vorhangs noch zur Zeit der Shamir-Regierung die Aufnahme oder Wiederaufnahme diplomatischer Beziehungen zu vielen Staaten des ehemaligen Ostblocks und der »Dritten Welt« ermöglicht hatten. Der von Rabin vertretene Kurs im Friedensprozeß öffnete der israelischen Diplomatie nun auch die arabische und muslimische Welt. Durch die damit verknüpfte positive Wirtschaftsentwicklung – ein ökonomisches Wachstum in fernöstlichen Quoten – gewann Rabin zusätzliche Sympathien. Der sich greifbar abzeichnende »Neue Nahe Osten« schien die Rabin-Peres-Politik zu bestätigen und gab den Wählern der Mitte, die 1992 für Rabin gestimmt hatten, die erforderliche Rechtfertigung.

Als sich Logik und Dynamik der Ära nach dem Kalten Krieg dank Yitzhak Rabin, Shimon Peres und ihren politischen Partnern auch im Nahen Osten allmählich weiter durchsetzen konnten, zeigte sich die israelische Regierung zunehmend bereit, über die bisher erzielten Abkommen mit der PLO hinaus der Gründung eines palästinensischen Staates zuzustimmen. Hier jedoch war der Punkt erreicht, an dem auch die Persönlichkeit Rabins keine Wirkung mehr zeigen konnte. Die Opposition in Israel und die ehemaligen *Likud*-Wähler, die Rabin als steinharten »Knochenbrecher« gewählt hatten, waren nicht mehr bereit, einen derartig entscheidenden Schritt mitzutragen.

Diese Konstellation bildete den Hintergrund für einen außerordentlichen Wandel im politischen Diskurs in Israel. Erstmals wurden auf dem rechten Flügel Zweifel an dem demokratischen Charakter des Staates offen geäußert: Wenn die israelische Demokratie diese neue Entwicklung und damit die Bereitschaft zur Aufgabe der Golanhöhen und der Westbank sowie zur Gründung eines Palästinenserstaates sanktioniert, wenn sich die Politik des Ministerpräsidenten während einer Legislaturperiode derart wandeln kann und eine Parlamentsmehrheit, die nicht »rein jüdisch« ist, diese veränderte Politik trägt – dann ist die israelische Demokratie in den Augen der Anhänger einer »Ganz-Israel«-Ideologie und vor allem für die militante Gruppe *So Arzenu* (Das ist unser Land), aber auch für viele andere Rechtsorientierte in der israelischen Gesellschaft stark korrekturbedürftig. Hier entschloß sich Yigal Amir zum Handeln.

Hätte Rabins Ermordung den verlorenen Rabin-Bonus wiederherstellen können? Wurde der Friedensprozeß nicht gewissermaßen Rabins politisches Vermächtnis? Hätte Rabins Tod für seinen Nachfolger und seine Partei nicht potentiell von Vorteil sein können? Schienen nicht wieder viele Stimmen aus dem eher rechten Lager die Fortsetzung der Rabin-Politik in ihrer Gesamtheit zu unterstützen? Diese Fragen umreißen eher den atmosphärischen Eindruck, der durch die Berichterstattung der Medien über die Bestürzung in Israel nach dem Attentat auf Rabin vermittelt wurde; sie geben weniger ein getreues Abbild der Realität in Israel wieder. Trotz Trauer und Entsetzen schwand auf israelischer Seite die Abneigung gegen einen Palästinenserstaat unter der Führung Yasser Arafats nicht. Die traumatischen Ereignisse der sieben Monate zwischen dem Mord an Yitzhak Rabin und den Knesset- und Ministerpräsidentenwahlen ließen den Rabin-Bonus weiter sinken. Der nach Rabins Tod, d. h. nach dem Ausscheiden des »starken Mannes«, gezielt von der Hamas-Bewegung ausgehende Terror gegen Israel erzeugte große Unsicherheit innerhalb der israelischen Bevölkerung. Spätestens die Attentate unmittelbar vor Beginn des Wahlkampfes im Februar und März 1996 in Jerusalem, Tel Aviv und Aschkalon verliehen der Parole der Opposition »Dieser Frieden hat uns zwar aus Gaza geholt, aber dafür Gaza nach Tel Aviv gebracht!« eine besondere destruktive Effektivität. Das war das Ende des Rabin-Bonus. Die Hamas-Bewegung, die Arafats Kompromißbereitschaft prinzipiell bekämpfen wollte, hatte ihr Ziel erreicht. Der terroristische Mord an Rabin wurde verdrängt und vergessen angesichts der palästinensischen Terrorakte, die innerhalb von neun Tagen nahezu 60 Todesopfer, darunter auch Araber und Touristen, forderten.

Für diese Entwicklung, für die Diskreditierung des Friedensprozesses in der israelischen Öffentlichkeit, trägt keineswegs Shimon Peres, der wohl trotz seiner hervorragenden Qualitäten als großer Staatsmann der »ewige Verlierer« der israelischen Politik bleiben wird, die Verantwortung. Verantwortlich war in erster Linie der propagandistische Erfolg einer Parole, die rechtsorientierte Autofahrer als Aufkleber auf der Heckscheibe ihrer Fahrzeuge im Lande verbreiteten: »Das ist kein Frieden! Das ist Terror!« Die Hamas-Bewegung kennt die israelische Demokratie nur zu gut. Durch die automatische Reaktion der israelischen Öffentlichkeit auf den Terror erreichten die Anschläge das von der Hamas-Bewegung intendierte politische Ziel: Die israelischen Wähler entschieden sich demokratisch gegen die Friedenspolitik Yitzhak Rabins und Shimon Peres' und somit für die von Benjamin Netanyahu repräsentierte Alternative.

Ob Rabin selbst – mit oder ohne Hamas-Attentate – in der Lage gewesen wäre, den Wahlsieg von 1992 zu wiederholen, ist zu bezweifeln. Keineswegs hätte er z. B. die Stimmen der russischen Einwanderer erneut mehrheitlich auf sich vereinigen können. Das aber hätte bedeutet, auch die Arbeitspartei unter Rabin – bei dessen wahrscheinlicher (diesmal direkter) Wiederwahl zum Ministerpräsidenten – wäre mindestens auf eine zusätzliche religiöse Partei als Koalitionspartner angewiesen gewesen. Eine derartige Koalition wäre wohl kaum von einer religiösen Partei eingegangen worden; denn die von Rabin und später Peres geformte Allianz mit einer linksliberalen, deklariert laizistischen Partei und eine gegen die Siedler auf der Westbank gerichteten Politik hatten zu einer ablehnenden Haltung der religiösen Parteien gegen die Arbeitspartei geführt, deren bittere Früchte Shimon Peres letztlich ernten mußte. Dieser Umstand machte neben dem Verlust des Rabin-Bonus bereits im März 1996 den Weg frei für die Fortsetzung der Kontinuität in der israelischen Politik, die für vier Jahre unterbrochen worden war.

Der Demokratie wird im Friedensprozeß eine Rolle zugewiesen, die paradoxer ist, als es die bisherigen Ausführungen erkennen lassen. Ausgerechnet die israelische Rechte, die bisweilen – wie die Angriffe gegen die Regierungsmehrheit unter Rabin und Peres zeigten – eine eigentlich demokratiekritische Haltung einnimmt, insbesondere wenn es um Fragen der Menschenrechte, der Freiheiten und Toleranz geht, hat nun das Prinzip der Demokratie sehr konsequent in die Diskussion eingebracht, wenn sie den arabischen Ländern, mit denen es zu verhandeln gilt, einen Mangel an Demokratie vorwirft. In diesem Rahmen wird Demokratie plötzlich zum A und O, mangelnde Demokratie zum Argument gegen einen Frieden mit den arabischen Nachbarn, weil man einen Frieden mit einem nichtdemokratischen Staat für illegitim und unstabil hält. Demokratie ist also bisweilen für den rechten Flügel der israelischen Szene nicht unbedingt ein unantastbares Grundprinzip und gelegentlich ein Mittel zum Zweck. Es kam daher nicht überraschend, daß Benjamin Netanyahu während seines Antrittsbesuchs in Washington im Juli 1996 vor dem Kongreß als eines von drei Grundprinzipien des Friedensprozesses von den arabischen Gesprächspartnern eine Demokratisierung und Verankerung der Demokratie in ihren Ländern verlangte. Damit wird die »Demokratieverehrung« der israelischen Rechten zum vorzüglichen Mittel, den Friedensprozeß zu bremsen, ohne dafür von der »größten Demokratie der Welt« getadelt zu werden.

Historiographie der Wende:
»Neue Historiker« und »Postzionismus«

Die vier Jahre der Regierung von Rabin und Peres führten nicht nur zu einer Veränderung im Hinblick auf die Beziehung zu den arabischen Nachbarstaaten und vor allem zu den Palästinensern. Die Krise von 1989, die einen Wandel in der Weltpolitik heraufbeschwor, führte in Israel zu einer neuen Betrachtung der Vergangenheit und zur Revision der bisherigen historischen Perspektiven und somit auch der historischen Rechtfertigung des Staates Israel und seiner Politik. Diese Auseinandersetzung um die Geschichte des Zionismus, die Geschichte des arabisch-israelischen Konflikts und die Geschichte des Staates Israel, die sich bereits vor 1989 vereinzelt angekündigt hatte, wird seit Anfang der 90er Jahre in der Regel mit dem bereits genannten Begriff des »Postzionismus« sowie der Gruppe der »Neuen Historiker« subsumtiv verknüpft.

Doch diese Terminologie ist nicht nur unpräzise, sondern auch irreführend. Das Attribut »postzionistisch« wird in der Regel linksorientierten kritischen Historikern und Sozialwissenschaftlern verliehen (und von ihnen, wie bereits erwähnt, als Selbstbezeichnung verwendet), die die traditionelle historische Darlegung der Geschichte des Zionismus und des Staates Israel in Frage stellen. Dabei kritisieren sie weniger die Grundidee des Zionismus oder seine Berechtigung als Antwort auf die »Judenfrage«. Vielmehr richtet sich ihre Kritik gegen die Art und Weise der Implementierung der zionistischen Idee und ihrer Umsetzung in die Praxis durch die Führungsgruppen. Sie können für sich die Bezeichnung »Postzionisten« akzeptieren, weil sie keine prinzipiellen Antizionisten sind. Ihre ausgesprochenen Gegner, für die die Bezeichnung »Postzionist« ein Schimpfwort ist, gehören jenem Sektor an, der im Verlaufe der Darstellung bereits als Usurpator des Zionismus bezeichnet wurde, also dem national-religiösen Sektor, der tatsächlich in weiter Entfernung vom Zionismus der Gründerzeit anzusiedeln ist. Dieser Sektor wäre, wie gesagt, eigentlich der wahre »postzionistische« Sektor der israelischen Gesellschaft. Die kritischen »Postzionisten« sind dagegen vielmehr auch als Kritiker dieser Verabschiedung vom Zionismus zu betrachten und vielleicht eher als »restaurative Zionisten«, als »radikale« bzw. »ursprüngliche Zionisten« zu bezeichnen, mindestens jedoch als Historisierer und eben nicht als prinzipielle Gegner des Zionismus zu verstehen.

Da aber im heutigen Diskurs und in der öffentlichen Diskussion der Gegenwart der Begriff »Post-Zionismus« deutlich besetzt ist, also mit der Gruppe der linken Kritiker des gegenwärtigen Zionismus und seiner Geschichtsinterpretation assoziiert wird, soll in der vorliegenden Darstellung diese inhaltliche Bestimmung zugrunde gelegt werden. Gleiches gilt für die Bezeichnung »Neue Historiker«, die im allgemeinen Sprachgebrauch in Israel inzwischen auf Historiker und Nichthistoriker (Soziologen und Politologen) angewendet wird, die aus einer neuen kritischen Haltung heraus, jedoch mit herkömmlicher Methodologie, die Umsetzung der zionistischen Idee sowie die Geschichtsinterpretation des traditionellen israelischen Zionismus und insbesondere des Gegenwartszionismus hinterfragen.

Die historische und soziologische Aufmerksamkeit der »neuen Historiker« und der Postzionisten konzentriert sich auf Geschichtsprozesse, die die traditionelle zionistische Historiographie bisweilen quasi als deterministisch betrachtete. Hier handelt es sich vor allem um die Entstehungsgeschichte des arabisch-jüdischen Konflikts, wobei die Entstehung des palästinensischen Flüchtlingsproblems in diesem Zusammenhang der erste Anknüpfungspunkt der postzionistischen Historiographie war: Liegt die Verantwortung für die Entstehung dieses Problems allein auf seiten der Araber, durch deren ablehnende Haltung gegenüber Israel die Auseinandersetzung und der Krieg in den Jahren 1947 und 1948 entfesselt wurden? Oder trägt auch – und vor allem – die jüdisch-zionistische Seite entsprechende Verantwortung? Postzionisten wie Benny Morris oder Elan Pappè bieten seit den 80er Jahren eigentlich keine pauschale Darstellung dieses Problems an, doch galt schon die Frage als solche als Unterminierung der historiographischen und ideologischen Tradition Israels und verursachte einen intensiven Streit um das Wesen Israels und seine Existenzberechtigung.

Darüber hinaus hinterfragen die postzionistischen Historiker die gängigen Vorstellungen, das Kräfteverhältnis zwischen Israel und den angreifenden Nachbarn im Krieg von 1948 habe die gleiche Relation wie das zwischen David und Goliath besessen sowie von der Unvermeidbarkeit des bewaffneten Konflikts zwischen Juden und Arabern seit dem Ersten Weltkrieg. Der Politologe und Araberexperte Joshafat Harkabi, ein ehemaliger General, konnte in den 80er Jahren eine erregte Diskussion um den Sinn des jüdisch-arabischen

Krieges entfesseln, indem er den Aufstand der Juden unter der Führung Bar-Kochbas gegen die Römer in Palästina in den Jahren 132–135 n. u. Z. – die eigentliche Ursache für die Massenvertreibung von Juden aus Palästina in der Antike – als Dummheit und als Parallele zur Lage in Israel nach 1967 beschrieb. In den Augen einer Gesellschaft, die stets die Geschichte als Bestätigung ihrer Politik und Ideologie heranzieht, war dieser historische Vergleich besonders ketzerisch.

Als ebenso ketzerisch gelten die Versuche, zionistische »Widerstandsmythen« wie Masada oder Tel-Chaj in Frage zu stellen. Masada ist der Ort, an dem nach Überlieferung des hellenistisch-jüdischen Historikers Josephus Flavius mehrere Hundert fanatischer jüdischer Kämpfer – Männer, Frauen und Kinder – unter römischer Belagerung im Jahre 73 n. u. Z. kollektiven Selbstmord begingen, um nicht als Sklaven in die Hände der Römer zu fallen. Im kollektiven Bewußtsein der israelischen Bevölkerung ist tief verankert, daß »Masada nie wieder fallen darf«. Tel-Chaj aber ist die Stätte, an der der bekannte Zionist Joseph Trumpeldor im (überflüssigen) Kampf gegen aufständische Araber im Jahre 1919 sein Leben verlor, wobei seine letzten Worte gewesen sein sollen: »Gut ist es, für unser Land zu sterben!« – ein Motto, das inzwischen jedes israelische Kind auswendig herzusagen weiß. Eine Geschichtsinterpretation, die diese Ereignisse entmythologisiert, gilt – auch wenn das Objekt wie im Fall Masadas in den Bereich der antiken Geschichte gehört – als postzionistisch, als Gefährdung der Existenzberechtigung des Staates Israel und deswegen meist als unakzeptabel und aufrührerisch.

Darüber hinaus analysiert der Post-Zionismus auch innere zionistische Strukturen und Prozesse kritisch und entmythologisierend. Es werden dabei opportunistische Tendenzen im Zionismus aufgedeckt – so bereits in den 70er Jahren durch den Historiker Yigal Elam – sowie die Integrationspolitik des neugegründeten Staates in den späten 40er und frühen 50er Jahren in Frage gestellt – so durch den Soziologen Sami Smooha und seit neuestem durch den Historiker Tom Segev. Sehr kritisch und innovativ werden die Beziehungen zwischen Staat und Militär – z. B. durch den Soziologen Baruch Kimmerling –, zwischen Staat und Religion, Geschichte und Gegenwart von Postzionisten betrachtet, wobei der letzte Bereich in erster Linie bei der Erörterung der Shoah akut wird.

Zunehmend quält sich die israelische Gesellschaft in der Gegenwart mit der eigenen »Kollektivschuld«: Hätte der Yischuw, die zionistisch-jüdische Bevölkerung und Gesellschaft in Palästina vor der Staatsgründung 1948, in den 30er Jahren und während des Zweiten Weltkrieges nicht mehr unternehmen können, um die Juden Europas vor dem Untergang zu retten? Die alternativen Antworten – Machtlosigkeit oder Indifferenz – werfen einen dunklen Schatten auf die Geschichte der vorstaatlichen Zeit und sorgen deshalb für erbitterte Diskussionen. Dabei fällt der Vorwurf der Machtlosigkeit weniger heftig aus als der Vorwurf der Indifferenz: Für die Machtlosigkeit kann man die Haltung der gegen das NS-Regime kämpfenden Alliierten verantwortlich machen, nicht aber für die Indifferenz in den eigenen Reihen oder für die palästinozentrische Denkweise der Zionisten. Während die Historikerin

Dina Porath noch in den 80er Jahren davon ausging, daß sich die Führung des Yischuw während des Zweiten Weltkriegs in einer »Falle« (*catch*) befunden habe, vertritt der »neue Historiker« Tom Segev in seinem Buch »Die siebente Million« im Jahre 1991 die Ansicht, die zionistische Führung um David Ben-Gurion, den ersten Ministerpräsidenten Israels nach 1948, habe in der vorstaatlichen Zeit eine zynische Politik eingeschlagen und sei bereit gewesen, die jüdische Diaspora in Europa praktisch aufzugeben. Die Historikerin Idit Zartal rechnete 1996 zu dieser Unterlassungsschuld gar die zweifelhafte, zweckmässige Behandlung der Shoah-Überlebenden zwischen dem Ende des Zweiten Weltkriegs und der Gründung des Staates Israel durch die zionistischen Politiker hinzu.

Gerade wenn die historische Debatte sich der Shoah und ihren Folgen zuwendet, wird die Diskussion für die Eliten und für die Bevölkerung in Israel schmerzlich. Der Ausweg aus dieser Sackgasse führt wiederum über die Gegenwartspolitik: Im rechten wie im linken Lager in Israel versucht man in der Retrospektive die jeweils andere Seite für die Katastrophe und die Unterlassungen verantwortlich zu machen und gleichzeitig die Erfolge, die zur Staatsgründung und zur Vertreibung der Briten aus Palästina geführt haben, dem eigenen Lager zuzuschreiben.

Wer ist der »echte« Zionist? Selbstbehauptung durch Diskreditierung

Die politische Rechte, die in der Regel die »neuen Historiker« und den »Post-Zionismus« vehement ablehnt, bedient sich bisweilen »postzionistischer« Ansätze, um die Linke der Vergangenheit und der Gegenwart zu diskreditieren. Im Hinblick auf die Gründung des Staates Israel wird dabei in der Regel die von der Mehrheit des Yischuw und seiner Militärorganisation, der Haganah, geleistete Arbeit bagatellisiert oder gar als negativ und schädigend dargestellt, während zugleich betont wird, die Terroraktivitäten der radikalen Nationalisten – euphemistisch als »Aufstandsorganisationen« bezeichnet – hätten als wesentliche Elemente die zur Staatsgründung führende Wende verursacht. In der oben skizzierten Diskussion um Versäumnisse während der Shoah wird nicht der Zionismus im allgemeinen, sondern speziell die sozialistische Führung des Yischuw von dem rechtsorientierten Sektor auf die Anklagebank gerufen. Wäre die rechte Opposition, damals »zionistisch-revisionistisch« genannt, in den Jahren zwischen 1933 und 1945 in den führenden Positionen gewesen, so wird im rechten Lager behauptet, dann wären viele der Juden, die in der Shoah ihr Leben verloren, gerettet worden. Den allgemeinen, nicht aufgrund der späteren realen Entwicklungen in Europa gemachten Aufruf des Revisionistenführers Ze'ev Jabotinsky, die europäischen Juden durch »Transfer« nach Palästina vor einer Katastrophe zu bewahren, interpretiert die Rechte in der Retrospektive als auf die Shoah gerichtete Prophezeiung, die die linke zionistische Führung nicht wahrnehmen wollte. Diese Geschichtsinterpretation wurde nach der politischen Wende 1977 immer deutlicher artikuliert. Der rechtsorientierte Zionismus versuchte sich auf diesem Wege vom Zionismus bis 1977, vom vorstaatlichen Zionismus und seiner Geschichtsinterpretation, abzusetzen. In diesem Zusammenhang vertritt die politische Rechte in Israel jedoch keinen originellen Ansatz: Innerhalb der Ultraorthodoxie dominiert seit dem Zweiten Weltkrieg ohnehin die Meinung, die Shoah sei die Strafe Gottes für den ungläubigen Zionismus gewesen. Der Zionismus hat somit aus der Sicht der Ultraorthodoxie die direkte Verantwortung für die Shoah zu tragen, weil er als falscher Messianismus, als Aufstand gegen den göttlichen Willen, Gott seiner Verpflichtung zum Schutz seines Volkes enthoben hat.

Diese »Geschichtspolitik« der israelischen Rechten nährt sich, wie gesagt, methodologisch und inhaltlich aus dem Diskussionsarsenal der »neuen Historiker« und der »Postzionisten« und zieht aus deren Arbeit ihre selektiven Vorteile: Nicht nur die Kritik, die »neue Historiker« am Verhalten der zionistischen Führung vor und während des Zweiten Weltkrieges üben, wird von der Rechten als Waffe gegen die gesamte linkszionistische Vergangenheit funktionalisiert. Auch die Selbstkritik des sozialistischen Lagers wird von der Rechten zur pauschalen Diskreditierung des Zionismus vor 1977 aufgegriffen. So publizierte der israelische Faschismusexperte Ze'ev Sternhell 1995 ein Buch, in dem er die sozialistischen Parteien als Gruppierungen darstellt, die von Anfang an primär nationalistisch und wenig auf soziale Gerechtigkeit und Fortschritt bedacht waren. Diese Abrechnung mit der Mythologie des israelischen Sozialismus, d. h. mit der traditionellen Auslegung der Entstehungsgeschichte Israels – ein typischer Ansatz des »Postzionismus« –, wurde automatisch von den eigentlichen Gegnern des »Postzionismus«, den rechtsgerichteten Usurpatoren des Zionismus, aufgegriffen, um die gesamte »linke« Vergangenheit wie auch die linke politische Alternative der Gegenwart zu diskreditieren. Dies ist ein hervorragendes Beispiel für die gegenseitige, unerwartete Hilfe, die sich beide Arten des Postzionismus – der linke und der rechtsreligiöse – leisten.

Am deutlichsten bekam das an erster Stelle stehende Erfolgssymbol des linken Zionismus, der Kibbutz, die rechtsorientierte Ablehnung der herkömmlichen zionistischen Werte zu spüren. Als besonders revolutionär und fortschrittlich galt der Zionismus ja auch gerade aufgrund seiner unterschiedlichen gesellschaftspolitischen Experimente. Der Kibbutz war dabei das Experiment par excellence. Der zionistische Yischuw sah in dem Kibbutz die Krönung des zionistischen Unternehmens; er war nicht nur der Beweis für den Erfolg des sozialistischen Zionismus, für die optimale Implementierung des Vorsatzes, die soziale Infrastruktur des Diasporajudentums zu normalisieren, also für die »Produktivierung« der Juden; der Kibbutz war auch das Rückgrat der israelischen Gesellschaft schlechthin. Tatsächlich gingen aus den Kibbutzim, in denen nur 3% der israelischen Bevölkerung lebten, in überproportionaler Weise die politischen und wirtschaftlichen Eliten sowie – und dies ist noch entscheidender – der eigentliche Kader des israelischen Militärs hervor. Als der

Likud 1977 an die Macht kam, nahm er ohne Zögern den diskreditierenden Kampf gegen die Kibbutz-Bewegung, den Grundpfeiler des Systems, auf. Den Kibbutzim wurde elitäres Verhalten, Ausbeutung der nach 1948 für die Einwanderer neugegründeten Städte, in denen das für den *Likud* so wichtige elektorale Reservoir der Bevölkerungsschichten orientalischer Herkunft lebte, sowie wirtschaftliche Ausnutzung des Staates vorgeworfen.

Durch die unkontrollierte Liberalisierung der Wirtschaftspolitik unter der *Likud*-Regierung und die damit einhergehende Hyperinflation geriet die von einem stabilen kapitalistischen System abhängige »sozialistische Enklave« der Kibbutz-Bewegung in eine Krise, von der sie sich nicht mehr erholen konnte. Die vier Jahre der Rabin-Peres-Regierung boten dann auch für die Kibbutzim nur eine vorübergehende Atempause, die nach den Mai-Wahlen von 1996 wohl beendet sein dürfte; denn die Diskreditierung der Kibbutz-Bewegung trägt dazu bei, die Erfolgsgeschichte des Zionismus und des Staates Israel im Sinne des rechten Lagers neu zu interpretieren. Daß in den israelischen Streitkräften religiöse Offiziere und insbesondere *Yeshiwot*-Panzereinheiten (siehe Umschlag) gegenwärtig nicht weniger auffällig in Erscheinung treten als Offiziere und Kommandokämpfer aus den Kibbutzim, dürfte eindeutig auf den absoluten Wertewandel in der israelischen Gesellschaft hinweisen: Der Mann mit religiöser Kopfbedeckung, der eigentliche Repräsentant des postzionistischen Zeitalters, tritt als Symbol des gegenwärtigen Israel an die Stelle des Kibbutz-Menschen, des »neuen Menschen« eines sozialistischen Zionismus. Historiker, Politiker, Rabbiner und Wirtschaftsleute haben zu dieser Wende beigetragen.

Auch das an zweiter Stelle stehende Erfolgssymbol des linksgerichteten Zionismus, die *Histadrut*, also der allmächtige israelische Gewerkschaftsverband, erlitt eine herbe Niederlage. Diese im Jahre 1920 gegründete Institution galt nach der Wahlniederlage der Arbeiterpartei von 1977 als Bollwerk des zionistischen Sozialismus, mindestens jedoch als Garant des Fortlebens eines aufgeklärten zionistischen Sozialexperimentes gegen die rechtsorientierten Strömungen. Tatsächlich schafften es die Rechtsparteien auch nach 1977 nicht, eine Mehrheit in den Wahlen zur *Histadrut* zu erreichen, um den linken Charakter der Gewerkschaftsbewegung zu unterwandern. Dennoch verlor die *Histadrut* im Zeitalter der Privatisierung und angesichts des Untergangs des Sozialismus in der gesamten Welt allmählich unter dem Druck der israelischen Rechten ihre Machtposition und ihren Ruf als Bürge des sozialen Netzes. Symbolisch war in diesem Zusammenhang der Verzicht auf die Rote Fahne und den 1. Mai als staatlichen Feiertag. Nachdrücklich gelten der israelischen Rechten seit 1977 beide Symbole als sowjetfreundlich, antinational und antizionistisch. *Histadrut* und Arbeiterpartei gaben diesem Trend nach: Die israelischen Nationalfarben Blau-Weiß ersetzten auch hier und damit in der Wahlpropaganda der zionistischen Linken die rote Farbe der Arbeiterbewegung. Daß dies letztlich einem Suizidversuch der israelischen Linken gleichkam, merkten nicht einmal die meisten Anhänger des linken Lagers, als die Arbeiterpartei 1994 die Wahlen zur *Histadrut* verlor. Gewonnen wurden diese *Histadrut*-Wahlen von einer Gruppe unter Führung des Ministers Haim Ramon im Rabin-Kabinett, die sich von der Mutterpartei abgespalten hatte und mit der linksliberalen *Merez*-Partei, aber auch mit der orthodoxen *Shas*-Partei eine Koalition eingegangen war.

Vor den Knessetwahlen von 1996 kehrte Haim Ramon zwar in die Arbeitspartei zurück, doch der erlittene Schaden war nicht wieder zu beheben. Der Pyrrhussieg Ramons von 1994 signalisierte die Tendenz für die Zeit nach 1996: Der historische Zionismus der Linken hat abgedankt, die Rechte kann die Uminterpretation der Geschichte fortsetzen und wird die israelische Politik fortan dominierend bestimmen.

Die Macht der Symbole: Jerusalem

Bezeichnend für den Prozeß der Selbstaufgabe der *Histadrut* war die von Haim Ramon nach seinem Wahlerfolg 1994 getroffene Entscheidung, nicht nur die verkrusteten Strukturen des Gewerkschaftsverbandes wiederzubeleben, sondern auch das Hauptquartier der *Histadrut* von Tel Aviv nach Jerusalem zu verlegen. Dieser Umzug der *Histadrut* aus der modernen, erst 1909 von Zionisten gegründeten Küstenstadt Tel Aviv in das historische, international umstrittene Jerusalem war für die geschilderte Tendenzwende in der israelischen Gesellschaft symptomatisch, entsprach er doch dem dominanten Trend der Aufwertung der mit religiösen Werten assoziierten Stadt Jerusalem gegenüber einer Abwertung Tel Avivs, der eigentlichen Hauptstadt des modernen Israel.

In Jerusalem treten Symbol und Realität in ein überdimensionales Spannungsverhältnis. Für Juden ist Jerusalem insgesamt »die heilige Stadt«, weil hier in der Antike der Tempel stand. Er wurde im Jahre 70 n. u. Z. im Zuge des jüdischen Krieges gegen Rom zerstört. Das Jerusalem der herodianischen Zeit, also bis zur Zerstörung durch die Römer in eben jenem Jahr, umfaßte ein Gebiet von etwa einem Quadratkilometer und entsprach damit ungefähr den Dimensionen der heutigen Altstadt. Die Altstadt ist heute jedoch nur ein kleiner Teil des modernen Jerusalem. Jerusalem war im Laufe der Zeit aufgrund der hier liegenden, mit dem Leben und Sterben Jesu von Nazareth verknüpften Stätten auch für Christen ein zentraler heiliger Ort geworden und wurde gar in byzantinischer Zeit zu einer rein christlichen Stadt ausgebaut. Nach der Eroberung durch den Islam wurde Jerusalem auch für Muslime heilig, die die Himmelsreise des Propheten Mohammed mit der Stadt verbanden. Für den Islam hat die Stadt durch die Kreuzzüge und durch die osmanische Eroberung noch an Bedeutung gewonnen. Wie andere europäische Städte begann auch Jerusalem, sich im Laufe des 19. Jahrhunderts über das Gebiet seiner Stadtmauern hinaus auszudehnen. Es entwickelte sich eine gemischte jüdisch-arabische Stadt mit Einrichtungen aller drei Religionen: Juden bauten neue Wohnviertel in erster Linie in den Regionen westlich der Altstadt, während neue arabische Viertel eher östlich, zuweilen auch südwestlich der Altstadt errichtet wurden. Als die UNO am 29. November 1947 die Teilung Palästinas in einen jüdischen und einen arabischen Staat beschloß, sollte Jerusalem infolge seiner Bedeutung für die drei monotheistischen Religionen eine separate internationale Stadt werden. Der auf die Unabhängigkeitserklärung Israels folgende Krieg zwischen dem jungen Staat und der Koalition der arabischen Nachbarn führte 1949 zur Teilung Jerusalems. West-Jerusalem gehörte zu Israel und wurde zu dessen Hauptstadt erklärt. Ost-Jerusalem mit der Altstadt und ihren heiligen Stätten fiel unter jordanische Verwaltung.

Für den Staat Israel und die zionistische Staatsideologie war der Verlust und Verzicht auf die Jerusalemer Altstadt zwar vor allem deshalb bedauerlich, weil das dort liegende jüdische Viertel verlorengegangen und seine Bevölkerung evakuiert worden war. Dieser Verlust war jedoch nicht entscheidend; denn es waren die modernen Städte und Dörfer, die den Charakter des zionistischen Staates prägten und weiterhin prägen sollten. Erst im Sechs-Tage-Krieg von 1967 wurden die Altstadt und das arabische Ost-Jerusalem von Israel erobert und West-Jerusalem angeschlossen. Diese Vereinigung riß zwar die Schutzmauer ein, die seit 1949 durch die moderne Stadt verlaufen war, das schwerwiegendere Problem – die nationale Mauer zwischen Israelis und Arabern bzw. Palästinensern – konnte dadurch jedoch nicht beseitigt werden. Der einseitige Beschluß der Begin-Regierung und der Knesset vom 31. Juli 1980, mit dem die israelische Souveränität über ganz Jerusalem deklariert wurde, hat den arabisch-israelischen Konflikt mehr gefördert, als das »Problem Jerusalem« gelöst.

Im Prinzip scheint die Auseinandersetzung um Jerusalem wesentlich religiöser Natur zu sein: Die drei Religionen – Judentum, Christentum und Islam – kämpfen um ihre Heiligtümer: den Tempelberg (Zion), die Grabeskirche sowie die Aksa-Moschee und den Felsendom auf dem Tempelberg. In der Realität geht es jedoch in stärkerem Maße um die nationale Frage und die politische Macht in der Stadt und in Palästina/ Eretz Israel. Wäre das »Problem Jerusalem« einzig und allein religiöser Natur, dann bliebe der Konflikt auf die Altstadt und damit auf weniger als 5% des Gesamtgebietes der Stadt beschränkt. Weil jedoch der Mythos von der »ewigen, nationalen Hauptstadt« und der »unteilbaren Stadt« mit seinen Symbolen im Vordergrund steht und sich im Zuge der Problemlösungsversuche religiöse und politische Motive vermischten, befindet man sich heute gewissermaßen in einer Sackgasse.

Solange beide Kontrahenten, Israelis und Palästinenser, den Anspruch auf das gesamte Jerusalem als ihre Hauptstadt erhoben, die PLO gar auf einem eigenen Staat im ungeteilten Palästina bestand, war Jerusalem tatsächlich der Kernpunkt des Konflikts. Seit sich jedoch die palästinensische Führung im November 1988 für einen palästinensischen Staat an der Seite Israels entschieden und damit eine Haltung eingenommen hat, die der von Israel seit 1967 betriebenen Politik des »territorialen Kompromisses« (»Land für Frieden«) entsprach, hat sich das reale Problem der Stadt Jerusalem weitgehend relativiert. Zwar galt diese Relativierung zunächst nur theoretisch, weil die israelische Regierung unter Yitzhak Shamir keine Kompromißbereitschaft zeigte. Die folgende Rabin-Peres-Regierung deutete jedoch nach 1992 die Bereitschaft der israelischen Seite an, ein Nebeneinander von Israel und einem palästinensischen Staat mit West- und Ost-Jerusalem als jeweiliger Hauptstadt bzw. jeweiligem Regierungssitz zu akzeptieren. Die »Prinzipienerklärung«, die am 13. September 1993 feierlich vor dem Weißen Haus in Washington von Israel und der PLO unterzeichnet wurde, sprach zwar noch von einer palästinensischen Autonomie, doch war die Gründung eines Staates Palästina durch eine zukünftige, endgültige Regelung nicht ausgeschlossen. Das Orient-Haus in Ost-Jerusalem, in dem Faisal Husseini, der eigentliche Repräsentant des neuen Palästina, in Jerusalem praktisch die Basis für die zukünftige palästinensische Regierung aufbaut, wäre im Rahmen der endgültigen Regelung, allerdings nicht im Rahmen der »Prinzipienerklärung« in einen Regierungssitz umzuwandeln. Die Osloer Abkommen und ihre erhoffte Fortsetzung hätten tatsächlich das Problem Jerusalem weitgehend auf die symbolträchtige Altstadt reduzieren und die Kluft zwischen Realität und Mythos, zwischen Fakten und Symbolen überbrücken können.

Geht man von einem Nebeneinander zweier Staaten – Israel und Palästina – in den Grenzen von 1967 mit West-Jerusalem bzw. Ost-Jerusalem als jeweiliger Hauptstadt aus, dann reduziert sich, wie gesagt, das Problem Jerusalem einerseits auf das Gebiet der Altstadt, andererseits auf die Frage der Unteilbarkeit. In einem modernen Staatsgefüge, das seine Schwerpunkte auf Pragmatismus und Effizienz setzt, ließen sich beide Probleme relativ leicht lösen: Die Parole »Eine Hauptstadt für zwei Nationen«, die seit 1993 offen propagiert und von Politikern und Intellektuellen befürwortet wird, zielt darauf ab, Jerusalem verwaltungsmäßig und faktisch ungeteilt zu einer doppelten Hauptstadt zu machen. In der postmodernen Welt hat das Motiv einer Hauptstadt ohnehin erheblich an Wert verloren. Das Regierungszentrum des früh-neuzeitlichen, absolutistischen, später dann nationalen Staates ist mit der rasanten Entwicklung der Kommunikation in der zweiten Hälfte des 20. Jahrhunderts überflüssig geworden. Die Hauptstadt ist nicht mehr als nur Symbol der Staatlichkeit und der Einheit der Nation. Daß man trotzdem in diesem Zusammenhang unmodern und irrational denken und handeln kann, wurde eindrücklich in Deutschland demonstriert, als der Bundestag sich 1991 für einen Wechsel von Bonn nach Berlin entschied. Im Nahen Osten dagegen wäre bei einer politischen Regelung, die Israel und Palästina als Komponenten einer Konföderation bestimmt, die Idee einer ungeteilten Stadt, deren Osten zur Hauptstadt des einen, deren Westen zur Hauptstadt des anderen Staates wird, gerade eine zeitgemäße Lösung.

In einem derartigen Verfahren hätte sich das Symbol Jerusalem auf seine historischen Grenzen reduziert: Für die Altstadt – oder sogar nur für den umstrittenen Tempelberg – wäre eine »Vatikan-Lösung« anzubieten. Diese Lösung erfordert allerdings eine Differenzierung zwischen dem mythischen Begriff »Jerusalem« und dem geographischen Kern des Mythos, also der Altstadt, in den Köpfen aller Beteiligten.

Wie gewaltig diese mentale und kulturelle Herausforderung ist, zeigte sich vor allem im Wahlkampf von 1996, als das Motto des *Likud* »Peres will Jerusalem teilen« außerordentlich wahlkampfprägend wirkte und beträchtlich zum Wahlerfolg der rechtsgerichteten Koalition beitragen konnte. Die Macht des Mythos blieb unversehrt erhalten, obwohl die oben skizzierte Lösung keineswegs die Teilung bzw. die Wiedererrichtung einer Mauer in Jerusalem impliziert. Man darf nicht vergessen, daß Jerusalem seit Beginn der *Intifada* praktisch ohnehin geteilt ist, weil jüdische Israelis in der Regel den Ostteil der Stadt meiden. Das Wahlergebnis vom Mai 1996 ist für die Entmythologisierung Jerusalems ebenso ein herber Rückschlag wie für die Fortsetzung des Friedensprozesses in seiner bisherigen Form, die ja als Rahmenbedingung für die Lösung der Jerusalemfrage essentiell ist.

Wenn Jerusalem nicht Hauptstadt zweier Staaten werden soll, dann ist jede israelische Jerusalempolitik mit dem Versuch gleichzusetzen, Jerusalem für die eigene Sache zu monopolisieren. In diesem Zusammenhang steht auch der oben erwähnte Umzug der *Histadrut* nach Jerusalem. Diese späte Entscheidung ist aber auch im Kontext der seit 1967 betriebenen Politik zu sehen, die jüdische Bevölkerung Jerusalems planmäßig zu vermehren und dadurch den Anspruch auf die gesamte Stadt zu stärken. Seit der durch Gesetz erfolgten Annexion Ost-Jerusalems durch die *Likud*-Regierung ist jede Überführung israelischer Institutionen und Einrichtungen nach Jerusalem eine Politik des *Fait accompli* zur Bekräftigung der Gesetzesentscheidung. Dieses Vorgehen wurde erforderlich, da West-Jerusalem – und selbstverständlich Jerusalem insgesamt – keineswegs als Hauptstadt Israels internationale Anerkennung gefunden hat. Die Botschaften der Staaten, die mit Israel diplomatische Beziehungen unterhalten, befinden sich in Tel Aviv.

Es geht also darum, Jerusalem zu »judaisieren«. Daß

das nach 1967 neu errichtete jüdische Viertel der Altstadt ausschließlich von Juden besiedelt wurde, kann als Wiedergutmachung für die Niederlage und den Verlust oder die Zerstörung des Viertels nach 1948 verstanden werden. Die Gründung von neuen Vororten um Jerusalem insgesamt und um die arabischen Stadtteile erfolgte jedoch mit dem Ziel, neue Fakten zu schaffen, um die Annexion endgültig zu besiegeln. Dabei blieb das quantitative Verhältnis zwischen arabischer und jüdischer Bevölkerung im Jerusalemer Großraum (1:2) unverändert, weil Jerusalem als Ansiedlungsregion auch für Palästinenser aus politischen und wirtschaftlichen Gründen weiterhin attraktiv ist.

Die »Judaisierung« Jerusalems hat aber noch ein zweites, ganz anderes Gesicht. Die jüdische Bevölkerung der Stadt wurde im Laufe der Zeit durch natürliches Bevölkerungswachstum und die gezielte Einwanderung hauptsächlich amerikanischer Juden zu einer mehrheitlich religiösen Bevölkerung. Dies führte dazu, daß die demographische »Judaisierung« der Stadt den jüdisch-religiösen Charakter verstärkte. Innerhalb der religiösen Gruppierungen der Bevölkerung treten die ultraorthodoxen besonders hervor. Bei den Wahlen im Mai 1996 wählten 36% der Jerusalemer Bevölkerung religiöse Parteien – davon 25% ultraorthodoxe und 11% national-religiöse Parteien. Diese Quoten liegen weit über dem Landesdurchschnitt. Infolge der hohen Kinderzahl religiöser Familien fällt der Anteil religiöser Juden in bestimmten gesellschaftlichen Sektoren der Stadt noch höher aus: Die religiösen Schüler sind bereits in der Mehrheit. Dies bedeutet für den jüdischen Charakter Jerusalems, daß »jüdisch« zunehmend mit

»religiös« bzw. »orthodox« assoziiert wird. Dieser Umstand hatte bereits in der Vergangenheit politische Konsequenzen: Teddy Kollek, von 1965 bis 1994 Jerusalems liberaler Bürgermeister, verlor 1994 die Bürgermeister- und Stadtverordnetenwahlen gegen Ehud Olmert, einen Kandidaten des *Likud*, zu dessen Unterstützung sich am letzten Tag vor der Wahl überraschend auch die religiösen Parteien entschlossen hatten. Die Entscheidungsträger der religiösen Parteien, die orthodoxen Rabbiner, haben keine Schwierigkeiten, derartige Entscheidungen innerhalb von Stunden bei allen potentiellen Wählern bekanntzumachen und durchzusetzen. Die Wahl Ehud Olmerts zum Jerusalemer Bürgermeister konnte die Tatsache nicht verbergen, daß die Stadt fortan praktisch von den religiösen Parteien regiert werden sollte. Ein Signal für die Parlaments- und Ministerpräsidentenwahlen von 1996 war gesetzt. Auch bei diesen Wahlen ordneten nämlich im letzten Moment die ultraorthodoxen Rabbiner an, welchen Kandidaten für das Ministerpräsidentenamt die orthodoxe Bevölkerung geschlossen zu wählen hätte. Diese geschlossene Unterstützung Benjamin Netanyahus von seiten der religiösen Bevölkerung war für seinen Wahlerfolg entscheidend.

In dieser Situation gibt es daher immer weniger Chancen, romantisch-religiöse Argumente im Entscheidungsprozeß über die Zukunft Jerusalems zugunsten eines Kompromisses im oben skizzierten Sinne zu verdrängen. Die Heiligkeit der Stadt in ihrer Gesamtheit wird heraufbeschworen, der Übergang von Symbolik zur Realität weitgehend verschleiert. Die Feierlichkeiten, die 1996 anläßlich der 3000jährigen Existenz der Stadt als von König David gegründeter »Hauptstadt der Nation« stattfinden, demonstrieren nur zu eindeutig den Versuch, Jerusalem und seine Geschichte ausschließlich für Juden und Israel zu vereinnahmen, heben aber auch verstärkt den religiösen Charakter der jüdischen Bevölkerung Jerusalems hervor.

Was heißt »judenrein«? Das Problem jüdischer Siedlungen in den besetzten Gebieten

Die Besiedlung Jerusalems und seiner Umgebung ist nur ein Teil des gesamten Siedlungsprojektes in den von Israel 1967 eroberten Gebieten des Gaza-Streifens, der Westbank und der Golanhöhen. Als Menachem Begin 1977 die Macht übernahm, gab es in den Siedlungen, die von der Arbeiterregierung seit 1967 in erster Linie in als sicherheitspolitisch bedeutend eingestuften Regionen gegründet worden waren, weniger als 5000 jüdische Siedler. Zum Zeitpunkt der erneuten Machtübernahme der Arbeitspartei 1992 waren es bereits etwa 120 000 (die Statistiken verzeichnen hier recht unterschiedliche Angaben), die sich auf 165 kleinere und größere Siedlungen verteilten. Diese Zunahme war in erster Linie das »Verdienst« Ariel Sharons, der in den letzten vier Jahren der Shamir-Regierung Bauminister gewesen war. Die während des Wahlkampfes von Yitzhak Rabin verkündete Absicht, die Siedlungen »auszutrocknen«, wurde in seiner Amtszeit und auch unter der Regierung seines Nachfolgers Peres zur politischen Richtlinie. Trotzdem konnte die Statistik eine Zunahme der Zahl der registrierten Siedler und der zur Verfügung stehenden Wohnungen, allerdings nicht der

Siedlungen selbst verzeichnen. Auch während der Amtsperiode von Rabin und Peres wuchs die Siedlerpopulation um 25 000. Ohne eine Vereinbarung mit den Palästinensern über die endgültige Statusregelung ist auch eine gezielte politische Einschränkung der Siedlungen nicht konsequent praktisch realisierbar.

Besonders paradox waren die Folgen der Osloer Abkommen im Hinblick auf die verkehrstechnische Infrastruktur der Siedlungen. Da die Osloer Abkommen eine palästinensische Autonomie ohne Räumung der jüdischen Siedlungen vorsehen, mußten zahlreiche sogenannte »Umgehungsstraßen« als Verbindung zwischen den jüdischen Siedlungen sowie zwischen den Siedlungen und dem israelischen Kerngebiet gebaut werden – nicht nur für Landschaft und Umwelt ein erheblicher Schaden. Diese Interimsregelung vor den Verhandlungen über einen endgültigen Status der Gebiete vergrößert das politische und praktische Problem. Auf dem Weg zu einem dauerhaften Frieden sind die Siedlungen ohnehin inzwischen zum größten Hindernis geworden. Die Rede von der Unumkehrbarkeit des Friedensprozesses steht in Konkurrenz mit der Realität der Unumkehrbarkeit des Siedlungsprojektes.

Wie für Jerusalem so muß auch für das Siedlungsproblem eine zeitgemäße Lösung gefunden werden. Der moderne Staat schließt die Präsenz von nationalen Minderheiten auf seinem Gebiet nicht aus. Ebenso wie im Staat Israel eine große arabische Minderheit lebt, so könnte es auch in einem zukünftigen Staat Palästina eine jüdische Minderheit geben. Eine Minderheit darf, auch wenn es sich um eine nationale Minderheit handelt, von der Mehrheit die gleichen Rechte und unter

Umständen auch eine kulturelle Autonomie erwarten. Wäre die palästinensische Führung bereit, eine jüdische Existenz im eigenen Staat zu tolerieren, so wäre das stärkste Argument der gegenwärtigen Siedler und ihrer Sympathisanten im rechten israelischen Lager »Die Räumung der Siedlung ist eine Politik der ›judenreinen‹ Gebiete in Eretz Israel!« entkräftet.

Gegen diese Minderheitenlösung des Problems stehen also Tradition und bisherige Politik: Die Landteile Palästinas, die im Krieg von 1948 unter die Kontrolle Jordaniens gerieten, wurden systematisch zu »judenreinen« Gebieten gemacht. Dort existierende jüdische Siedlungen wie Gush Ezion oder Atarot in der Nähe Jerusalems wurden zerstört, die jüdische Bevölkerung der Jerusalemer Altstadt wurde vertrieben. Diese ethnische »Säuberung« auf arabischer Seite war – im Gegensatz zur Vertreibung der arabischen Bevölkerung auf israelischer Seite – absolut erfolgreich. Seither wird die arabische Staatlichkeit von allen am Konflikt beteiligten Parteien mit der Evakuierung und Vertreibung von Juden assoziiert. Tatsächlich war ja auch für den 1979 geschlossenen Frieden zwischen Ägypten und Israel die totale Räumung der jüdischen bzw. israelischen Siedlungen auf der Sinai-Halbinsel eine Bedingung. Diese Politik wurde so konsequent betrieben, daß der damalige israelische Verteidigungsminister, Ariel Sharon, die Häuser in den aufgegebenen Siedlungen sprengen ließ. Vor diesem Hintergrund, der sich wohl nicht vom europäischen Hintergrund der Jahre 1945/46 unterscheidet, war jede alternative Vorstellung unrealistisch.

Es geht jedoch nicht nur um die Tradition der »ethnischen Säuberung«. Auf der Seite der Siedler geht es prinzipiell um die Erweiterung der israelischen Souveränität im gesamten Lande Israel (Eretz Israel) und um den Anspruch auf Alleinherrschaft des israelischen Staates in diesem Gebiet. Um als jüdische Minderheit im Staat Palästina leben zu können, müssen sie diesen Anspruch aufgeben. Der Staat Palästina muß von den Siedlern akzeptiert werden, auf die Ideologie eines »Ganz-Israel« und das bisherige politische Ziel der Siedler muß verzichtet werden. Darüber hinaus sollte die Bereitschaft zu einer Änderung des absolut jüdischen Charakters der Siedlungen wachsen. Diese Postulate sind jedoch nicht nur für die meisten Siedler, sondern auch für Politiker auf beiden Seiten absurde Gedanken. Deshalb steht noch immer die simplifizierte Alternative zur Diskussion – entweder Fortsetzung der Politik der schleichenden Annexion in den von Israel eroberten arabischen Gebieten oder die totale Räumung der Siedlungen und Schaffung eines »judenfreien« Raums im Staat Palästina, der sich ja auf dem historischen Territorium Eretz Israels befinden wird.

Während diese überalterten Vorstellungen weiterhin dominierend sind, hat mancher Politiker einen weiteren zweifelhaften Ansatz zur Lösung des Problems ersonnen. Bekanntlich sind viele der israelischen Siedler nicht aus ideologischen, sondern aus wirtschaftlichen Gründen in die besetzten Gebiete gezogen. Die billigen Wohnungspreise sowie die höhere Lebensqualität in relativer Nähe der großen Ballungszentren Tel Aviv und Jerusalem spielten für diese Siedler eine wichtige Rolle. Die politischen Überlegungen zielen nun darauf ab, die Siedler durch wirtschaftliche Anreize, also hohe

Entschädigungen wie im Präzedenzfall der Räumung des Sinai (1979–1982), in das israelische Kernland der Jahre vor 1967, d. h. in die Gebiete diesseits der »Grünen Linie«, zurückzuführen. Daß diese Lösung bisher nur wenig Zuspruch gefunden hat, darf nicht verwundern. Selbst wenn der Ansatz im Hinblick auf den nicht ideologisch motivierten Teil der Siedler erfolgreich durchgeführt werden könnte, bleibt er für den harten ideologisierten Kern eine Provokation, die auch das Argument der »judenreinen« Gebiete in Eretz Israel nicht aufhebt.

Im Laufe der Zeit hat sich immer deutlicher gezeigt, daß der harte Kern der Siedler von seiner Position nur schwer abzubringen sein wird. Als die Arbeiterpartei ihre Siedlungspolitik nach dem Sechs-Tage-Krieg aufnahm, war ihr Hauptziel die Sicherheit des Landes. Nach dem sogenannten Allon-Plan, benannt nach dem damaligen linken Minister Yigal Allon, sollten israelische Siedlungen daher in erster Linie im Jordantal und auf den Golanhöhen errichtet werden. Die Neubesiedlung der im Krieg von 1948 zerstörten Siedlungen *Gush Ezion* südlich von Jerusalem wurzelte dagegen eher in dem Bedürfnis, das Geschehen und Trauma von 1948 zu beheben. Hier spielten sicherheitspolitische Erwägungen eine geringere Rolle. Die zunehmende Romantisierung und Durchdringung des zionistischen Gedankengutes mit religiösen Inhalten nach 1967 verhalf der neugegründeten *Gush-Emunim*-Bewegung, die eine national-religiöse Siedlungspolitik gegen die Intention der Regierung propagierte, jedoch zu so großer Popularität, daß die Regierung letztlich gegenüber den national-religiös orientierten Siedlungsansprüchen nachgeben mußte. Bereits 1968 duldete man religiöse Siedler in der Patriarchenstadt Hebron. Im seit den Pogromen von 1929 »judenfreien« Zentrum der Stadt konnten sich fortan besonders extreme Siedler niederlassen, die sich nicht scheuen, mit der israelischenRegierung und der arabischen Bevölkerung Hebrons in direkte Konfrontation zu treten. Nach dem Yom-Kippur-Krieg von 1973 setzte sich *Gush-Emunim* gegen die Absichten der damaligen Arbeiterregierung erneut durch und zwang Rabin und Peres dazu, nördlich von Jerusalem, in der Nähe von Nablus, an historischen und »heiligen« Stätten neue Siedlungen zu gründen, die ausschließlich national-religiöse Ziele hatten. Daß diese Siedlungen keinen sicherheitspolitischen Beitrag leisteten, war auch den meisten Anhängern des rechten Lagers bewußt. Schon zur Zeit der Arbeiterregierung vor 1977, massiv dann allerdings nach der Machtübernahme durch den *Likud*, überwogen religiöse und nationalistische Überlegungen, vor allem bei Gründung und Ausbau der jüdischen Siedlungen auf der Westbank. Man war in eine Einbahnstraße geraten, die den israelisch-palästinensischen Konflikt so verschärfen kann, daß er nicht mehr lösbar ist.

Wie schwierig es sein wird, das Siedlungsproblem letztlich zu regeln, zeigt die Tatsache, daß selbst die Rabin-Peres-Regierung der Jahre 1992–1996 die Siedlungsfrage in den Osloer Abkommen und im Wahlkampf 1996 ausklammern mußte. Vereinzelte abfällige Bemerkungen Yitzhak Rabins über die Siedler wurden ihm nachträglich zur Last gelegt und mußten als indirekte Rechtfertigung für seine Ermordung herhalten. Rabin habe durch derartige Äußerungen den nationalen Konsens in Israel gestört, hieß es von den Rechten. Deutlichster Beweis für die Machtlosigkeit der Regierung in der Konfrontation mit den fundamentalistisch-religiösen Siedlern auch nach der Auflösung von *Gush Emunim* Ende der 70er Jahre war das von Dr. med. Baruch Goldstein verübte Massaker in der Hebroner *Machpelah*-Moschee, in der sich die Patriarchengräber befinden. Selbst nach der Ermordung von 29 betenden Muslimen in der Moschee durch den religiösen Siedler Goldstein wagte die linksliberale Regierung unter Rabin nicht, die rund 400 Siedler aus dem Stadtzentrum Hebrons, dem Ort des Verbrechens, zu entfernen.

Von der Regierung unter Benjamin Netanyahu, die eine Koalition mit den national-religiösen Parteien eingegangen ist, darf man nicht erwarten, daß sie den Ausbau der Siedlungen einstellen wird, zumal die Existenzberechtigung der Siedlungen heute eindeutig religiös-ideologischer und nicht mehr sicherheitspolitischer Natur ist. Netanyahus Regierung wird noch weniger als Rabins Kabinett geneigt sein, die in den Osloer Abkommen vereinbarte Neuverteilung der Streitkräfte in Hebron durchzusetzen, also die Besatzung aufzuheben und die Präsenz der radikalen Siedler im Herzen Hebrons einzuschränken oder zu beenden. In den Gebieten der Westbank haben 40% der Wahlberechtigten ihre Stimme einer religiösen Partei gegeben. 8% der dortigen jüdischen Bevölkerung haben die Partei *Moledet* gewählt, die für einen Transfer der arabischen Bevölkerung eintritt – eine klare Aussage über die Absichten der Mehrheit unter den Siedlern und über die von ihnen gewünschte Politik.

Bezüglich der Golanhöhen zeigt sich ebenfalls, daß es sich bei den Siedlungen und dem Fortbestehen der Besatzung nicht mehr um nationale Sicherheitsfragen, sondern um religiös motivierte Verbundenheit mit dem »heiligen Land« handelt. Nach 1967 galten die Golanhöhen als Musterbeispiel für das Sicherheitsargument, als Rechtfertigung für die Besetzung arabischer Gebiete. Allerdings erst 1981 verabschiedete die Knesset unter der Begin-Regierung das Gesetz, das die Einführung des israelischen Rechts auf den Golanhöhen festlegt. Jeder Politiker und Tourist, der die Golanhöhen heute besucht, kommt gewissermaßen von selbst zu der Ansicht, der Höhenzug, von dem aus die Gebiete im Norden Israels so leicht zu kontrollieren und unter Beschuß zu nehmen waren, dürfe nicht mehr an Syrien zurückgegeben werden.

Spätestens seit dem Golf-Krieg von 1991, in dem Israel von SCUD-Raketen aus dem Irak beschossen wurde, ist allerdings deutlich, daß auf eine derartige unkonventionelle Kriegsführung auch die Herrschaft über die Golanhöhen keine Antwort bietet. Wenig tragen die Golanhöhen darüber hinaus heute im Kampf gegen den von Syrien gesteuerten Guerillakrieg der *Hisbollah* bei, der für die Auseinandersetzungen im Norden Israels zunehmend charakteristisch ist. Doch in der Zwischenzeit wurden auf den Golanhöhen israelische Siedlungen errichtet, darunter die Stadt Quazrin. Das Problem der Golanhöhen ist von einem militärischen zu einem politisch-religiösen geworden, wobei die historisch-religiöse Begründung für das Fortbestehen der israelischen Besatzung auch hier erst allmählich in den Vordergrund tritt. In diesem Kontext ist der Mythos von Gamla ein markantes Beispiel. Archäologische Ausgrabungen auf dem Golan haben die Bergfestung und Siedlung von Gamla aus der Zeit des Zweiten Tempels freigelegt, die sich während des »großen Aufstandes« der Jahre 66 bis 70 n. u. Z. gegen die römische Belagerung tapfer gewehrt hatte. Schließlich konnten die Römer die Festung jedoch einnehmen. Auch hier – so berichtet der Historiker Josephus Flavius – nahmen sich unzählige Juden durch einen Sprung von der Stadtmauer das Leben, um nicht der römischen Armee in die Hände zu fallen. In Quazrin befindet sich heute ein Museum mit den archäologischen Funden aus Gamla, das die pädagogische Aufgabe übernommen hat, die Geschichte Gamlas und die damit verbundene Lektion zu verkünden: »Gamla wird nicht noch einmal aufgegeben!«

Der Mythos von Gamla wird jedoch erst auf dem Hintergrund der Entstehung des bereits zuvor erwähnten Masada-Mythos verständlich. Nicht zufällig konnte derselbe Archäologe, der in den 40er Jahren, also während des Zweiten Weltkrieges, den Masada-Mythos geschaffen und dann in den 80er Jahren den Mythos von Gamla zum Motto der Anhänger der Golanbesetzung gemacht hat, die Parole »Masada darf nicht noch einmal fallen« im Zusammenhang mit Gamla gewissermaßen »recyceln«. Die Verankerung des Narrativs von Gamla, das bis in die 70er Jahre hinein nur wenigen Lesern des Josephus Flavius bekannt gewesen war, als altneuer Mythos in der kollektiven Erinnerung der israelischen Bevölkerung – auch daß man eine von den Golanhöhen stammende Weinsorte »Gamla« benannte, trug dazu sinnlich bei – ist für die Ersetzung des sicherheitspolitischen Arguments durch eine national-religiöse Argumentation symptomatisch. Die politische Effektivität des popularisierten Mythos wird nicht nur durch die gewaltige Zahl von Aufklebern auf Personenkraftwagen und durch allgegenwärtige Transparente mit dem Slogan »Das Volk ist mit dem Golan«, sondern vor allem durch den Erfolg der neuen Partei des Dritten Weges (*HaDerech ha-shlishit*) deutlich. Diese Partei ist ursprünglich eine Splittergruppe der Arbeitspartei gewesen und hat sich allein die Einbehaltung der Golanhöhen in ihr Programm geschrieben. Sie konnte in den Wahlen 1996 immerhin 3% der Wählerstimmen auf sich vereinen und ist seit Juni 1996 ein Koalitionspartner in der Regierung Netanyahus.

Im Hinblick auf die Golanhöhen zeigte sich die Rabin-Peres-Regierung bei der Umsetzung der Politik nach dem Motto »Land für Frieden« anfänglich entschiedener und risikofreundlicher als in Fragen der Westbank. Doch nach der Ermordung Yitzhak Rabins verharrte die Führung der Arbeitspartei im Wahlkampf 1996 in relativer Unentschlossenheit. Die Implementierung der Politik eines Verzichts auf den Golan drohte eindeutig, den Wahlerfolg der damaligen Regierungskoalition zu gefährden. Die Politik des syrischen Präsidenten Assad, der keine Kompromißbereitschaft erkennen ließ, stärkte die israelische Rechte in ihrer heftigen Kritik an der Bereitschaft, die Golanhöhen aufzugeben. Eine sachliche Diskussion um den strategischen Wert der Golanhöhen und um den Preis des Friedens wurde dadurch allerdings verhindert. Es blieb einerseits bei den anachronistischen Parolen vom Wert der Golanhöhen für die nationale Sicherheit Israels, andererseits bei der religiös-romantischen Begründung für das Fortbestehen der israelischen Siedlungen auf dem Golan. Die gegenwärtige Regierung kann das Sicherheitsargument zwar weiterhin propagieren; sollte Syrien jedoch seine hartnäckige Position aufgeben und zu Gesprächen und grundsätzlich zum Frieden mit Israel bereit sein, dann wird das Sicherheitsargument hinfällig, und Israel wird im Namen der Geschichte und des »jüdischen Erbes« sprechen müssen, um die Rückgabe der Golanhöhen zu verhindern.

Israelische Ängste: Persönliche Sicherheit und Wasserknappheit

Seit dem Friedensabkommen mit Ägypten und der Auflösung des Ostblocks hat sich in Israel der Begriff »nationale Sicherheit« grundsätzlich geändert. Die Existenz des Staates scheint nicht mehr wie in den Jahren zwischen 1948 und 1973 bedroht zu sein, während die militärische Überlegenheit Israels im Nahen Osten im Hinblick auf atomare und konventionelle Kriegsführung wohl unbestritten sein dürfte. Darüber hinaus hat die wirtschaftliche Entwicklung der letzten zwanzig Jahre, in denen Israel ökonomisch weitgehend selbständig und im nahöstlichen Kontext gewissermaßen zu einer Großmacht geworden ist – das israelische Bruttosozialprodukt entspricht dem Bruttosozialprodukt aller unmittelbaren Nachbarländer insgesamt –, einen wichtigen Beitrag geleistet. Trotzdem spielt die Sicherheitsfrage für die israelische Politik und im innerisraelischen Diskurs unverändert eine zentrale Rolle, und zwar nicht nur, weil die Erfahrungen und Traumata der Jahre zwischen 1939 und 1973 bei vielen Menschen in Israel noch frisch in Erinnerung sind, sondern weil die Angst vor dem Feind einen beträchtlichen Teil der israelischen Staatsraison ausmacht.

In der Wahrnehmung der Vorgeschichte und Geschichte des Staates Israel spielt die Bedrohung von außen und die stets unmittelbar bevorstehende Katastrophe eine entscheidende Rolle. Tatsächlich hatte sich die jüdische Bevölkerung in Palästina bereits vor der Staatsgründung in eine bedrohliche Situation im Nahen Osten hineinmanövriert: Die jüdische Nationalbewegung befand sich seit den 20er Jahren in einer zunehmend verschärften Konfrontation mit der sie umgebenden arabischen Welt, die sie ablehnte. Nach mehreren Kriegen und anderen gewalttätigen Auseinandersetzungen ist es – auf beiden Seiten – psychologisch schwierig, die alten, vielleicht nicht mehr relevanten Ängste abzubauen und aufzugeben. In der Sozialisation und im Erziehungssystem sind die alten Stereotypen und Vorstellungen noch fest verwurzelt. Für Israelis ist das Eigenbild des »kleinen, von Feinden umgebenen Volkes« noch immer aktuell.

Diese Angst wurzelt real auch nach dem Ende der unmittelbaren existentiellen Bedrohung Israels in erster Linie im antiisraelischen Terror. Seit dem Sechs-Tage-Krieg beherrscht der palästinensische Terror (aus israelischer Sicht) die Kollektivmoral und die psychologische Landschaft. Hinzu kamen seit dem Libanonkrieg von 1982 der Terror der *Hisbollah* sowie seit dem Golfkrieg von 1991 der Terror durch Mittelstreckenraketen. Terror bedroht in Israel eher die Zivilbevölkerung als das Militär. Darin unterscheidet er sich von einem konventionellen Krieg um Israel. Psychologisch sind daher auch die Attacken, die Israels Existenz nicht bedrohen, von immenser Bedeutung. Der in den besetzten Gebieten stationierte Reservesoldat ist ebenso wie der Busfahrer in Tel Aviv oder Jerusalem ein Mann »aus dem Volke« und empfindet sich nicht als Kriegsteilnehmer. Jeder Angriff gegen den Alltagsmenschen löst Entsetzen und Angst aus, die in der Medienlandschaft der heutigen Welt der Telekommunikation leicht zu Panik werden und eine Kriegsmentalität aufrechterhalten. Daher ist die objektive Feststellung, Israels Sicherheitslage solle mit Gelassenheit betrachtet werden, eher belanglos. Die alten Klischees von der ständig lauernden Existenzbedrohung sind weiterhin aktuell. Die entsprechende Mischung von Shoah-Bewußtsein und zionistischer Festungsideologie erzeugen eine gereizte Atmosphäre, in der Terroraktionen leicht zu extremen Reaktionen und Kurzschlußhandlungen führen. Ebenso wie die Kriminalität, die den einzelnen Menschen individuell bedroht, in vielen Gesellschaften gezielt in eine kollektive Angst umgesetzt und zum Politikum gemacht wird, überträgt die israelische Gesellschaft den Terror in die Vorstellungen eines umfassenden Krieges. Nicht nur in Israel erzeugt der individuelle politische Terror Angst und Überreaktionen. Man denke nur an die Aktionen der RAF in der Bundesrepublik Deutschland in den 70er Jahren. In Israel ist in diesem Zusammenhang jedoch auch die tief verwurzelte Festungsmentalität zu berücksichtigen, die stets für in der Regel recht unterschiedliche und oft entgegengesetzte Reaktionen sorgt. Die Angst vor dem Terror der

PLO legitimierte den Libanonkrieg Anfang der 80er Jahre. Nach dem Scheitern dieses Unternehmens führte die Angst vor dem Terror der *Hisbollah* zur Legitimation eines Rückzugs aus dem Libanon unter Rabin und Peres 1984.

Auch der Aufschwung des Friedensprozesses seit 1991 ist in diesem Kontext zu begreifen. Ohne die SCUD-Raketen aus dem Irak wäre die Regierung Yitzhak Shamirs, wie bereits erwähnt, nicht bereit gewesen, der Friedenskonferenz von Madrid im Oktober 1991 zuzustimmen. Die *Intifada* wiederum führte zunächst zur Intensivierung der antipalästinensischen Maßnahmen, langfristig aber auch zur Entscheidung, die versprochene Autonomie in den besetzten Gebieten zu errichten. Ohne den kumulativen Effekt des Terrors während der *Intifada* hätten Rabin und Peres für die Osloer Abkommen von 1993 mit dem »Erzfeind« Yasser Arafat und der PLO keine so breite, wenn auch zunächst passive und abwartende Unterstützung erhalten. Die Bevölkerung war nun bereit, die Sicherheit des Landes über Verhandlungen und Dialog zu erwirken. Mit anderen Worten: Man war entschlossen, die wenig effektive Vergeltungspolitik zunächst durch eine, wenn auch anscheinend risikoreiche Verhandlungspolitik zu ersetzen.

Abgesehen von den langfristigen Reaktionen kam es stets automatisch zu kurzfristigen Reaktionen, wenn sich ostentative Terroraktionen ereigneten. Und je weiter rechts man auf der Skala der politischen Szene in Israel stand, desto lauter klagte man über mangelnde Sicherheit, desto heftiger rief man nach einer »adäquaten zionistischen Reaktion«, nach Vergeltung. Im Wahlverhalten der israelischen Bevölkerung war dies stets ein deutlicher Ruck nach rechts. Dieser Tatsache sind sich die Terroristen bewußt, sie rechnen auf derartige Reaktionen, die letztlich zur Verhärtung der Fronten führen und so die Verständigung zwischen Israelis und Palästinensern, zwischen Juden und Arabern, blockieren.

Besonders deutlich ging die Rechnung der Terroristen im Jahre 1988 auf, als ein Terrorangriff auf einen israelischen Bus unweit von Jericho im Jordantal einer Frau, ihren zwei Kindern und einem Soldaten das Leben kostete. Die wenige Tage später stattfindenden Wahlen fielen zugunsten der *Likud*-Koalition aus. Die Arbeiterpartei verlor infolge des Terrorangriffs im Jordantal entscheidende zwei bis drei Prozent. Erst in der Retrospektive konnte man erkennen, wie schwerwiegend der geschleuderte Molotow-Cocktail gewesen war: Die Shamir-Regierung konnte ihre Verzögerungstaktik fortsetzen, und der Friedensprozeß hatte durch den Zeitverlust schwere Rückschläge erlitten, die erst wesentlich später offenkundig wurden.

Das zweite, wesentlich wichtigere Beispiel in diesem Zusammenhang boten die Attentate im Februar und März 1996 nach der Entscheidung, die ursprünglich für November anstehenden Knesset- und Ministerpräsidentenwahlen auf den Mai vorzuziehen: Zwei zerfetzte Autobusse und die Bombe vor dem Einkaufszentrum in der Tel Aviver Dizengoffstraße – dem Einkaufszentrum Israels schlechthin – gaben der Peres-Regierung den Gnadenstoß. Die politische Rechte nutzte die Gelegenheit – wie es die Terroristen erwartet hatten – zynisch und konsequent aus: Der Friedensprozeß habe sich als Sicherheitsrisiko erwiesen, nicht als friedensstiftend.

Die Peres-Regierung und ihre Friedenspolitik wurde offen diskreditiert. Gleichzeitig verdrängte man durch diese Taktik die eigentliche Politik, die zur Radikalisierung im arabischen Lager geführt hatte, die Politik der Verzögerungen und des Aufschubs, zu der die *Likud*-Regierungen bis 1992 erheblich beigetragen hatten. Die kurzfristig geplanten und ausgeführten Terroranschläge lösten einen Erdrutsch aus. Der bis zu diesem Zeitpunkt relativ chancenlose Benjamin Netanyahu hatte fortan im Wahlkampf nur beständig die Frage zu wiederholen, wo der Frieden, wo die Sicherheit sei, wenn man nicht davon ausgehen könne, daß man als Benutzer öffentlicher Verkehrsmittel unbehelligt und unverletzt seinen Arbeitsplatz erreiche. Natürlich wurde auch verschwiegen, daß die Zahl der Verkehrsunfallopfer seit dem Osloer Abkommen zehnmal so hoch war wie die Zahl der Opfer von Terroranschlägen. Aber nicht die Zahlen sind entscheidend, sondern die Zusammenhänge: Terroranschläge sind in Israel eine Frage der persönlichen Sicherheit, Verkehrsunfälle eben nicht. So konnte der Terror letztlich auch im Mai 1996 die israelische Politik schicksalhaft beeinflussen.

Als drittes Beispiel seien hier die eskalierenden Angriffe der *Hisbollah* gegen das israelische Militär im Südlibanon und die Abschüsse von Katjusha-Raketen auf israelische Ortschaften im Norden Israels zwei Monate vor den Wahlen genannt. Auch hier hatten Terror und Angst die israelische Führung zu militärischen Schritten bewogen, die den nur allzu bekannten Teufelskreis auslösten. Der Bürgermeister von Kiryat Shmonah im Norden Israels – selbst ein *Likud*-Kandidat – nutzte die potentielle Gefahr, in der die Bewohner seiner Stadt lebten, und dann die Raketenangriffe aus dem Südlibanon, die in Kiryat Shmonah Sachschaden verursachten, um die »weiche« Linie der Peres-Regierung zu kritisieren und Vergeltung zu verlangen. Mit ihm zusammen griff die gesamte rechte Opposition zu dem Argument mangelnder Sicherheit, um den Friedensprozeß an sich zu diskreditieren. Auch hier war die Einschüchterung der israelischen Bevölkerung von den Terroristen vorprogrammiert. Sie führte automatisch zur Kritik an der Regierung, nicht jedoch an den Standpunkten und Stellungnahmen der Opposition, die ja den Absichten der *Hisbollah* in die Hände arbeitete. Der erwartete Effekt, die Diskreditierung des Friedensprozesses, trat unverzüglich ein. Auch in diesem Falle waren der Terror und die Instrumentalisierung der israelischen Sicherheitsängste erfolgreich und leisteten ihren Beitrag für den Sieg des *Likud* in den Mai-Wahlen. Wie bei den Terrorangriffen der palästinensisch-fundamentalistischen Organisationen spielte der Zeitpunkt eine entscheidende Rolle. Man wählte die Zeit, die optimale Resultate versprach, die Zeit der Sicherheitsängste im Brennpunkt des Wahlkampfs. Ob der Effekt der israelischen Gegenoperation »Früchte des Zorns« unter der arabischen Bevölkerung Israels wohl ebenfalls einkalkuliert war, ist zu bezweifeln. Auf jeden Fall zeigte der Ablauf dieser Operation, daß die Peres-Regierung eher darauf bedacht war, die rechtsorientierten jüdischen Stimmen für sich zu gewinnen als die für eine linksliberale Koalition notwendigen Stimmen der arabischen Wähler. So leistete der vom Südlibanon ausgehende Terror indirekt seinen Beitrag zum Wahlsieg Netanyahus und zur weiteren Verzögerung des Friedensprozesses.

Darüber hinaus ist es auch dem Terror zuzuschreiben, daß der Begriff »Judenstaat« im Laufe der Zeit mit neuen Inhalten gefüllt wurde. Seit 1967 gab es zwei Alternativen einer künftigen Ordnung: einerseits »Ganz-Israel« als Judenstaat, in dem eine gewaltige arabische Minderheit (zirka 40% der Gesamtbevölkerung) sich unterzuordnen oder – so die Idee der »Transfer-Partei« – auszuwandern habe; andererseits die Rückkehr zu den Grenzen vor 1967 und zu einer funktionierenden Demokratie mit einer arabischen Minderheit von damals 15% der Gesamtbevölkerung. *Intifada* und Terror haben Israelis im rechten und linken Lager zum Nachdenken über beide Alternativen veranlaßt und dabei das neue Schlagwort, die ganz neue politische Idee der »Trennung« hervorgebracht. Diese Trennung ist nicht mit einer Teilung des Territoriums zwischen Israel und Palästina gleichzusetzen. Trennung bedeutet einerseits die Reaktivierung der »Grünen Linie«, also der Grenze von 1967. Andererseits zielt dieses Konzept aber auch auf eine säuberliche Trennung von jüdischer und arabischer Bevölkerung in den besetzten Gebieten und sogar – in radikalen Kreisen – auf eine Trennung zwischen jüdischen und arabischen Bürgern des Staates Israel oder gar auf eine Trennung in Form von Auswanderung der Araber aus Palästina. Das Konzept der Trennung, das ja letztlich allein aufgrund von ethnischen oder religiösen Kriterien durchgesetzt werden kann, zeigt erneut, wie radikal der Trend in Israel zu einer Neudefinition des Begriffes »Judenstaat« oder »jüdischer Staat« ist. Das »Neue Ghetto« der Juden, vor dem Theodor Herzl so eindringlich gewarnt hatte, bildet sich ausgerechnet im Lande Israel, in Palästina, wo Sehnsucht und Suche nach Sicherheit die Menschen dazu bewegen, für eine »Trennung«, für eine beiderseitige Ghettoisierung beider hier lebender Bevölkerungsgruppen, als optimaler Lösung zu votieren.

Da die Existenz Israels nicht mehr ernstlich gefährdet ist, müssen andere Ängste und auch Unsicherheiten anderer Art geschürt werden, um dem »Sicherheitsproblem« in der öffentlichen und politischen Diskussion Gestalt zu verleihen. So greift man auf bevölkerungspolitische Überlegungen zurück, die bereits während der britischen Mandatszeit zwischen 1920 und 1948 bei der Gestaltung der Einwanderungspolitik vordergründig genutzt wurden. Da sie meinten, das Land und seine Ressourcen reichten nicht für eine exzessive Zahl von Einwohnern aus, schränkten die Briten die Zahl der Immigranten ein. Die Angst vor einer »Überfüllung« des Landes ist nach der Gründung des Staates Israel auf arabischer Seite noch weiter gestiegen. Richtig ist, daß die Masseneinwanderung von Juden, aber auch der natürliche Zuwachs der arabischen Bevölkerung eine demographische Explosion einleiteten: Auf dem Gebiet Palästinas, in dem die Gesamtbevölkerung um 1900 weniger als 500 000 betrug (davon 10 % Juden), werden im Jahre 2000 wenigstens 8 Millionen Menschen leben (darunter 60-65 % Juden), wobei diese Prognose keineswegs eine noch zu vereinbarende Massenrückkehr von Palästinensern berücksichtigt. Im israelischen Diskurs wurde der Begriff der »demographischen Gefahr« erst nach 1967 aktuell. Die ursprünglich mit dem Begriff bezeichnete Gefahr, nach der Shoah würden kaum mehr Juden nach Palästina einwandern, konnte bereits in den 50er Jahren abgewendet werden. Nach

1967 nahm der Begriff auf den »jüdischen Charakter« Israels Bezug: Für den Fall einer dauerhaften Besetzung der Westbank und des Gaza-Streifens war abzusehen, daß es in naher Zukunft infolge der höheren natürlichen Zuwachsrate unter der arabischen Bevölkerung zu einer Relation von 1:1 zwischen Juden und Arabern im gesamten Gebiet Palästina kommen werde. Auf dem rechten Flügel der israelischen Szene fand man drei Möglichkeiten, auf diese »demographische Gefahr« zu reagieren: Intensivierung der Einwanderung – seit 1989 und dem Fall des Eisernen Vorhanges tatsächlich erfolgt; gezielte Förderung kinderreicher Familien – im Bereich des Sektors der religiösen Bevölkerung ohnehin üblich; sowie Transfer der arabischen Bevölkerung gen Osten, auf die andere Seite des Jordan – so die Position der Extremisten Meir Kahane oder Rechavam Se'evi.

Noch größer jedoch war die Angst vor der »demographischen Gefahr« auf dem linken Flügel der israelischen Gesellschaft. Hier ging es um die Gefahr für die israelische Demokratie: Israel in den Grenzen »Ganz-Israels« mußte entweder binational oder undemokratisch werden. Da jedoch eher der »Judenstaat« als ein binationaler Staat in der Regel auch vom linken Lager befürwortet wird, führte man neben den moralischen Argumenten zugunsten eines Rückzugs aus den besetzten Gebieten zugleich dieses demographisch-politische Argument an. Besonders konsequent warnte der orthodoxe Gelehrte Yeshayahu Leibowitz seit 1967 vor dem Untergang der Demokratie in Israel infolge einer Fortsetzung der Besatzung. Daß die Gefahr für das demokratische Denken und Handeln durch den zunehmend

»jüdischen« Charakter der israelischen Gesellschaft eine reale Gefahr ist, bei der auch die »demographische Gefahr« eine Rolle spielt, konnte bereits zu Beginn der vorliegenden Abhandlung deutlich gezeigt werden. Daß nun gerade ein streng religiöser Mensch wie Leibowitz vor dieser Gefahr für die Demokratie warnte, ist nicht für das religiöse Judentum symptomatisch, zeigt aber, daß nicht die jüdische Religion bzw. Religiosität an sich eine nationalistische oder rechtsorientierte Politik erfordert, sondern allein eine bestimmte Richtung im religiösen Milieu.

Mit der Bevölkerungsdichte hängt unmittelbar die Frage der Versorgung zusammen. Nun ist eine moderne Wirtschaft allerdings nicht mehr von der Landwirtschaft zur Ernährung der Bevölkerung abhängig. Diesbezügliche Ängste in Israel und auch in Palästina zu schüren ist absurd. Anders verhält es sich jedoch mit dem Problem der Wasserknappheit, das neben anderen Umweltproblemen auch die israelische Gesellschaft als eine der modernen Gesellschaften der Gegenwart beschäftigt. Die damit verbundenen Ängste sind im Laufe der Zeit insbesondere mit Blick auf die steigenden Bevölkerungszahlen erheblich gewachsen. Im Zuge dieser Entwicklung konnte neben die weniger akut gewordenen Sicherheitsargumente eine weitere Argumentation zugunsten einer Annexionspolitik treten: Die Golanhöhen und die Westbank sollten unter israelischer Kontrolle bleiben, da hier die wesentlichen Wasserquellen für die Versorgung des Landes insgesamt liegen. Die permanente Wasserknappheit erfordere eine intensive Kontrolle dieser Ressourcen. Auf den Golanhöhen entspringen bekanntlich die Jordanquellen, die wichtigsten

Wasserquellen Israels. Im Bereich des palästinensischen Berglandes liegen die für Israel und Palästina wichtigen Grundwasserreservoirs und -quellen. Für zwei Völker, für die die Landwirtschaft eine starke ideologisch-symbolische Bedeutung hat, ist ein derartiges Argument entscheidend. Tatsächlich betonte der Zionismus seit seinem ersten Auftreten in Palästina die zentrale Bedeutung der »Rückkehr zur Scholle« für die Gesundung der »kranken« Berufsstruktur der jüdischen Bevölkerung im neuen Land. Wasserknappheit wird daher mit einem gravierenden Rückschlag des Zionismus assoziiert, wodurch das Argument der Kontrolle über die Wasservorräte für einen Renegaten wie Rafael Eitan, vor 1992 und seit 1996 wieder israelischer Landwirtschaftsminister, der ursprünglich aus der Arbeiterbewegung stammt und inzwischen zu den radikalsten Politikern der rechten Szene gehört, zum schlagenden Kampfesruf wird. Es spielt bei dieser Argumentation keine Rolle, daß das Problem mehrere praktische, zeitgemäße Lösungen haben könnte – von der Beschränkung der Einwanderung bis zur Reduzierung des wasservergeudenden Wirtschaftssektors der Landwirtschaft. Mit Hilfe von internationalen und bilateralen Abkommen könnten solche Probleme gelöst bzw. minimalisiert werden. Da jedoch das Problem von den Verantwortlichen instrumentalisiert wird, um ideologische und politische Haltungen zu untermauern, spielen Ängste, Vorurteile und Slogans letztlich die entscheidende Rolle in der Diskussion. Für die israelische Rechte wie für radikale Palästinenser scheint die Haltung eines »Entweder-Oder« bei der Lösung dieses Problems politische und werbewirksame Vorteile zu versprechen; geht es um die Existenz des Volkes – auf israelischer wie auf palästinensischer Seite – und ist das Problem eben nicht nur ein Wirtschaftsproblem, dann muß die Kompromißbereitschaft der harten Linie weichen, und die Tauben müssen vor den Falken zurücktreten.

Traumata und Instrumentalisierung: Die Rolle der Shoah

Die Sicherheitsfrage ist in Israel eng mit kollektiven Erinnerungen verknüpft – Erinnerungen an den Zweiten Weltkrieg, an die drohende Eroberung Palästinas durch Rommel, an den Unabhängigkeitskrieg 1948, in dem mehr als 1 % der jüdischen Bevölkerung Israels ihr Leben verlor; an die Wochen vor dem Sechs-Tage-Krieg, in denen man mit großer Wahrscheinlichkeit den Vernichtungsschlag der arabischen Nachbarn gegen Israel erwartete; an den Yom-Kippur-Krieg von 1973, in dem ein selbstbewußtes Israel überrascht und überrollt wurde und 3 000 israelische Soldaten auf den Schlachtfeldern fielen, um eine endgültige Niederlage abzuwenden. Darüber hinaus gibt es eine andere historische Kollektiverinnerung, die mit der Geschichte Israels nur indirekt verknüpft ist, die jedoch die Diskussion um die Sicherheitsfrage und das Verlangen nach Sicherheit maßgeblich beeinflußt – die Erinnerung an die Shoah (Holocaust) und an die lange Geschichte des Antisemitismus. In diesem Kontext wird aber die kollektive Erinnerung weniger von Ereignissen und Fakten als von Images geprägt, die in Israel durch die historische Interpretation erzeugt wurden und die im Laufe der vergangenen fünfzig Jahre zu einer Mythosbildung geführt haben.

Alle historischen Ereignisse, die nach Ableben der Zeitzeugen in der kollektiven Erinnerung aufbewahrt bleiben, durchlaufen einen Prozeß der Mythologisierung. Dabei wird keineswegs behauptet, daß Geschichte erfunden oder absichtlich verzerrt wird. Mythologisierung von Geschichte meint, daß der Bezug zur Vergangenheit über Vermittler verläuft: Historiker, Pädagogen, Ideologen und nicht zuletzt Politiker. Geschichte ist nie »wie es eigentlich gewesen ist«. Was bleibt, ist aufgrund einer bewußten Entscheidung der Vermittler zum Bestandteil der kollektiven Erinnerung erhoben worden. Die Shoah, die Verfolgung und Vernichtung der Juden im Zweiten Weltkrieg, wird in der kollektiven Erinnerung der israelischen Gesellschaft in erster Linie als das Ereignis rezipiert, das dem Zionismus und der Gründung des Staates Israel seine endgültige Rechtfertigung verschaffte. Der Zionismus war ja seit Herzls Zeiten davon ausgegangen, der Antisemitismus sei eine Krankheit, die nur durch die Abwanderung der Juden geheilt werden könnte. Die Shoah schien in der Retrospektive den Beweis für die Unausrottbarkeit des Antisemitismus zu bieten und die Gründung des Staates Israel als allein gültige Antwort auf das Antisemitismusproblem zu bestätigen. Diese Antwort bezieht sich jedoch nicht nur auf die Vergangenheit – auch die Diaspora der Gegenwart wird als falsche jüdische Lebenshaltung begriffen, die Gültigkeit der in der Diaspora gegebenen Antworten auf die Shoah wird bestritten. Auf diese Art und Weise führt die kollektive Erinnerung an die Shoah in Israel zur Bestätigung des zionistisch-israelischen

Monopols im Hinblick auf die einzig positive »Lösung der Judenfrage«.

»Der Stellenwert der Shoah in der kollektiven Erinnerung und im Selbstverständnis des jüdischen Sektors der israelischen Bevölkerung blieb jedoch im Verlauf der Zeit nicht konstant. In der Unabhängigkeitserklärung des Staates Israel vom Mai 1948 wird die Shoah mit dem Antisemitismus als *eines* von insgesamt sechs Elementen angeführt, das kausal zur Staatsgründung geführt hatte. Der Akzent der Begründung lag in diesem feierlichen Dokument weniger auf der Shoah als auf der historischen Beziehung zwischen dem jüdischen Volk und dem Land Israel, auf dem zionistischen Unternehmen an sich und auf der internationalen Unterstützung dieses Unternehmens. Und mit Recht: Der Zionismus, der seine Rechtfertigung bereits in den Argumenten des Basler Programms gefunden hatte, strebte bereits lange vor der Shoah nach der Staatlichkeit für das jüdische Volk. Die Shoah war ein wichtiger Zusatzfaktor, eine Bestätigung der zionistischen Prognosen. Folglich spielte die Shoah im ersten Jahrzehnt nach der Staatsgründung nur eine indirekte Rolle: Der Kontrast zwischen dem Diasporajudentum, das angeblich »wie Schafe zur Schlachtbank« ging, und dem stolzen israelischen Kämpfer, der den Angriffen der feindlichen arabischen Welt trotzte, galt als der geeignete Zusammenhang, in dem die Shoa zu instrumentalisieren war. Im Laufe der Jahre verblaßten jedoch die anderen Argumente für die Staaatsgründung und die Fortexistenz des Staates. Die Aufmerksamkeit richtete sich verstärkt auf zwei Elemente – die göttliche Verheißung und die Shoah.

Für die Shoah als Objekt der kollektiven Erinnerung gilt das Gegenteil der optischen Regeln: Je weiter das historische Ereignis in die Vergangenheit rückt, desto imposanter schwebt es im ideologischen und politischen Himmel Israels. Die Generation der Nachkommen, die keinen unmittelbaren Bezug zur Shoah hatte, konnte über den Prozeß der Mythologisierung der Shoah für dieses historische Ereignis einen neuen, zunehmend zentralen Stellenwert schaffen. Im Sozialisationsprozeß, im Erziehungssystem, in den Medien, im öffentlichen Ritual und in der Politik erhielt die Erinnerung an die Shoah des jüdischen Volkes immer mehr Gewicht. Die Entführung Eichmanns aus Argentinien gab der israelischen Regierung nicht nur erstmals die Gelegenheit, einen zentral für die Planung der »Endlösung« verantwortlichen Mann 1961 vor Gericht zu stellen, sondern auch die Möglichkeit, über die Shoa zu berichten und das Shoa-Bewußtsein der Israelis gezielt aufzubauen.

Die Instrumentalisierung des Traumas der Shoah bekam durch die politische Wende von 1977 einen weiteren Schub. Menachem Begin, der selbst zu Beginn des Krieges in Polen gewesen war und die Anfänge der Shoah persönlich miterleben mußte, hat die Shoah als Ereignis für die gesamte israelische Politik aufgewertet und als Metapher so oft benutzt wie keiner seiner Vorgänger. Unter der *Likud*-Regierung wurde die Geschichte der Shoah ein separates Thema in Pflichtkursen der gymnasialen Oberstufe. Auch der von Begin angestellte Vergleich zwischen Hitler und Arafat war für die allgemeine Tendenz symptomatisch.

Während der Regierungszeit Yitzhak Shamirs wurde die dubiose Auslieferung des relativ »unbedeutenden«

NS-Verbrechers Demjanjuk an Israel Anlaß für einen Prozeß nach dem Vorbild des Eichmann-Prozesses in Jerusalem, mit dem in erster Linie die kollektive Erinnerung an die Shoa unter den Angehörigen der nächsten Generation »aufgefrischt« werden sollte. Als gegen Ende der 80er Jahre der Eiserne Vorhang fiel und sich die Beziehungen zwischen Polen und Israel normalisieren konnten, wurde die nächste Stufe der Erinnerungsverankerung beschritten. Es entwickelte sich eine Reisewelle zu den Stätten der Shoah, d. h. zu den Vernichtungslagern in Polen, eine Welle, die mit der zunehmenden Akzentuierung der Shoah als identitätsstiftendes Element für die israelische Gesellschaft Hand in Hand ging. Die Touristen aus Israel – in der Regel Schüler und Jugendliche – betrachteten sich selbst als Vertreter der in den Lagern ermordeten Juden und wurden durch dieses Erlebnis, wie vorgesehen, zu »besseren Zionisten«, da sie in einer derartig unmittelbaren Begegnung mit der Shoah die israelische Lösung als einzig gültige Antwort auf diese Vergangenheit, auf die ehemalige Gefährdung und Beseitigung der Sicherheit des Diasporajudentums verstehen lernten.

Selbstverständlich sollte man sich in diesem Zusammenhang vor einer Generalisierung im Hinblick auf die Haltung oder Einstellung zur Shoah hüten. Die Verwechslung von Ritual und Einstellung ist riskant und irreführend. Trotzdem kann nicht bestritten werden, daß die Shoah als Element der kollektiven Erinnerung zum Identitätsstifter schlechthin, zum Grundpfeiler der »säkularen Religion« Israels geworden ist. Andere Grundpfeiler, wie z.B. der Sozialismus, haben ihre Gültigkeit eingebüßt.

Wie unantastbar dieser neue Grundpfeiler der Identitätsbildung geworden ist, zeigte der Versuch der ersten Erziehungsministerin im Rabin-Kabinett von 1992, Shulamit Aloni, den Sinn derartiger nahezu obligatorischer Polenreisen der Schüler zu hinterfragen. Der Sturm der Entrüstung, der sich in der Bevölkerung erhob, veranlaßte die Ministerin, ihre Kritik an den Schülerreisen zu Stätten der Shoah zurückzunehmen.

Wie bereits erwähnt, versucht Israel im Wettbewerb mit dem Diasporajudentum die Shoah allein für sich zu vereinnahmen. Gegen diese Vereinnahmung wehrte sich das Diasporajudentum, das einen großen Teil seiner Existenzberechtigung ebenfalls in den Lehren aus der Shoah findet. Israels Bemühen, die Shoah als Erinnerung für sich zu monopolisieren, blieb jedoch letztlich erfolglos. Die Gründung des Holocaust-Museums in Washington, das mit *Yad Vashem*, der Nationalen Gedenkstätte für die Helden und Opfer des Holocaust, praktisch konkurriert, demonstriert dies deutlich.

Das Konkurrenzeifern um die Shoah-Erinnerung findet jedoch nicht nur zwischen Diaspora und Israel statt; die Shoah ist früh genug auch zum politischen Zankapfel zwischen dem rechten und linken Lager in Israel geworden. Die Frage, ob die zionistische Führung des Yischuw zur Zeit der Shoah, also die Sozialisten unter Führung des späteren ersten israelischen Ministerpräsidenten David Ben-Gurion (1948–1963), sich ausreichend um eine Verhinderung der Shoah oder um die Rettung von Juden aus Europa bemüht hatte, wurde vor allem von den zionistischen Revisionisten gestellt. Mitte der 50er Jahre kam es sogar zu einem direkten Angriff gegen einen Politiker der Arbeiterpartei namens

Kastner, der 1944 in Budapest als Repräsentant der Zionisten mit Eichmann über die Rettung von Juden verhandelte, ein Umstand, der ihm und seiner Partei im Jahre 1954 in Israel den Vorwurf der Kollaboration mit den Nationalsozialisten eintrug. Die Kastner-Affäre stellte in den 50er Jahren im Prinzip eine Auseinandersetzung zwischen Links und Rechts um die Shoah und die Shoah-Erinnerung dar. Und 35 Jahre später behauptete kein anderer als der jüdische Verteidiger des erwähnten ukrainischen NS-Verbrechers Demjanjuk, selbst ein Anhänger des revisionistischen Flügels im Zionismus, daß eigentlich die zionistische Führung aus der Kriegszeit nach dem Ende des Krieges vor das Nürnberger Kriegsverbrechertribunal hätte gestellt werden müssen.

Eine andere, gegenwärtig wesentlich bedeutendere Konkurrenzsituation um die Erinnerung an die Shoah entstand zwischen dem säkularen und religiösen Judentum bzw. Zionismus. In diesem Bereich intensivierte sich der Konflikt um die Erinnerungsarbeit zwischen beiden Gruppierungen im Laufe der Jahre in direkter Abhängigkeit von der Zunahme des Stellenwertes der Shoah als identitätsstiftendes Element für die israelische Gesellschaft. Auf die Frage, weshalb es zur Shoah kommen konnte, gaben religiöse Juden stets die altvertraute Antwort, auch die Shoah sei der Wille Gottes gewesen. Die gesamte jüdische Geschichte war ja bereits in biblischen Zeiten mit den »Vergehen des sündigen Volkes« und dem strafenden Gott als Erklärungsmuster interpretiert worden. Die Shoa galt demnach als ein Glied in der langen Kette der Katastrophen, die über das Volk Israel aufgrund seiner Vergehen hereinbrechen.

Allerdings stellte die Gewalt und Einzigartigkeit der Shoah auch diesen Deutungsrahmen vor eine besondere Herausforderung. Die nichtzionistische Orthodoxie, die in Israel nur geringfügig vertreten war, erklärte die Shoah demnach als Strafe Gottes für den Zionismus, also für den Versuch, frühzeitig und unbefugt das messianische Zeitalter herbeizuführen. Die zionistische Orthodoxie dagegen, die Mehrheit der orthodoxen Gemeinschaften in Israel, sah in der Assimilation, der Abkehr vom religiösen Leben, den Hauptgrund für Gottes Zorn und Strafe in der Shoah. Nach dieser Interpretation durfte die zionistische Lösung nur dann eine Antwort auf die Shoah sein, wenn sie mit einer Antiassimilation und der Rückkehr zu den Werten des religiösen Judentums verknüpft wurde; im Lager der religiösen Juden in Israel war die Relation zwischen Shoah und Staat Israel entweder absolut negativ oder bedingt positiv.

Völlig anders verhielten sich die säkularen Zionisten, die den Grund für die Katastrophe im Zustand der Diaspora an sich sahen. Hier war die Relation zwischen der Shoah und dem Zionismus als absolut positive Antwort völlig eindeutig. Der säkulare Zionismus bemühte sich darüber hinaus auch, den eher sporadischen, bewaffneten Widerstand in den Ghettos – im israelischen Sprachgebrauch ist hier von »Heldentum« die Rede, das neben die angeblich weitverbreitete passive Haltung von Juden während der Shoah trat – mit dem bewaffneten Freiheitskampf im Lande Israel zu verbinden.

Da die Shoah im Laufe der Zeit immer stärker in den Mittelpunkt des israelischen Selbstverständnisses und der kollektiven Erinnerung vorrückte, waren die religiösen Juden letztlich gezwungen, eine alternative Beziehung zwischen der Shoah und dem Staat Israel anzubieten, d. h. man mußte eine alternative, israelisch-religiöse Interpretation für den Zusammenhang von Shoah und Israel finden: So wurde die Shoah vor allem als Versuch des Nationalsozialismus interpretiert, die jüdische Religion zu bekämpfen, wobei die Assimilation, wie bereits erwähnt, eine verheerende Rolle gespielt habe. Die jüdische Religiosität wurde nach dieser Logik als historisch angemessene Antwort auf die Shoah angeboten. Darüber hinaus versuchte man, wie oben bereits ausgeführt, den politischen säkularen Zionismus der letzten hundert Jahre durch das Konstrukt des 2000jährigen religiösen Zionismus in der Folge Exil, Verfolgung, Shoah, Staat Israel zu ersetzen. Wichtiger noch war der Versuch, die Symbole der Shoah-Erinnerung für den religiösen Zionismus, für das religiöse Judentum zu beanspruchen. So darf die zentrale Halle der Gedenkstätte *Yad Vashem* nur mit einer Kopfbedeckung betreten werden. Der vom Rabbinat gewählte Shoah-Gedenktag, der 10. Tevet – ursprünglich der Fastentag zum Gedenken an den Beginn der Belagerung Jerusalems zur Zeit des Ersten Tempels –, konkurriert mit dem offiziellen nationalen Gedenktag im Monat Nissan, für den man den Tag des Beginns des Aufstands im Warschauer Ghetto gewählt hatte. Ebenso symptomatisch war der 1995 unternommene Versuch von Ultraorthodoxen, aus dem Museum in *Yad Vashem* Photos entfernen zu lassen, die unbekleidete jüdische Frauen kurz vor der Erschießung zeigten. Orthodoxe Juden könnten durch diese Photos von einem Besuch des Museums abgehalten werden. Die Photos wurden letztlich nicht entfernt, aber die Herausforderung war allen Beteiligten deutlich: Vertreter der (im traditionellen Sinne) nichtzionistischen Orthodoxie wagten einen Angriff auf die Darstellung der Shoah im zentralen Shoah-Heiligtum der Zionisten!

Wie zentral die Rolle der Shoah innerhalb der gesamten jüdischen Gesellschaft einschließlich des ultraorthodoxen Sektors in Israel ist, wird in einer Studie über die Einstellungen von Lehramtskandidaten der israelischen Lehrerseminare zum Thema der jüdischen und israelischen Identität deutlich. Nach den drei wichtigsten Ereignissen in der jüdischen Geschichte befragt, stellen alle Gruppen die Shoah an die erste Stelle, und zwar 90% der säkularen, 77% der national-religiösen und 66% der ultraorthodoxen Befragten. Die Gründung des Staates Israel 1948 steht mit 70% bei den säkularen und 63% bei den national-religiösen Befragten an zweiter Stelle, rückt bei den Ultraorthodoxen mit 12% jedoch an den sechsten Platz. Entscheidend ist hier der Vergleich mit dem Stellenwert, der der Gabe der Thora Gottes an das jüdische Volk, also gewissermaßen dem Bundesschluß zwischen Gott und Volk, beigemessen wird: unter den orthodoxen Lehramtskandidaten rangiert dieses Ereignis mit 50% an zweiter Stelle. Unter den Befragten aus dem national-religiösen Lager wiesen der Gabe der Thora 36%, unter den nichtreligiösen Befragten gar nur 4,5% eine entscheidende Bedeutung bei. Darüber hinaus bejahten 78% der nichtreligiösen, 59% der national-religiösen und nur 13% der ultraorthodoxen Befragten die Aussage, »das jüdische Volk kann ohne den Staat Israel nicht überleben«. Egal ob man sich der zionistischen Ideologie anschließt oder nicht – die Shoah ist für die meisten jüdischen Israelis das Ereignis par excellence in der Geschichte des Volkes. Die kollektive Erinnerung an die Shoah hat sich somit also nicht nur immer tiefer im Bewußtsein der jüdischen Bevölkerung verankert, sie wurde inzwischen auch zum erstrangigen Identitätsfaktor der israelischen Gesellschaft insgesamt. Dies bestätigt auch die Tatsache, daß es heute zum Thema Shoah, Antisemitismus oder Deutschland keinen statistisch bedeutenden Unterschied zwischen Aschkenasim, also Juden europäischer Herkunft, und Sephardim, den Juden aus islamischen Ländern, gibt, die zur Zeit der Shoah in der Regel wenig von der »Endlösung« betroffen waren.

Die Gruppe, die von diesem Ereignis als Bildungsfaktor kollektiver Identität Abstand nimmt, sind die 18 % der arabischen Staatsbürger Israels. Gerade weil die Entstehung und bisweilen sogar die Expansions- und Siedlungspolitik Israels als Folge oder Kompensation der Shoah ausgelegt wird, haben Araber außerhalb Israels, aber auch innerhalb des Staates erhebliche Schwierigkeiten mit der Einordnung der Shoah in die eigenen Vergangenheitsbilder und Geschichtsmythen, in denen das arabische Debakel von 1948 eine solch zentrale Rolle spielt. Daß man – abgesehen von wenigen Ausnahmen – als Unbeteiligte an der Shoah nicht die Last der Folgen der nationalsozialistischen Verbrechen tragen möchte, ist logisch und verständlich.

Nicht nur die Shoah in Europa hatte ihre Auswirkungen im Nahen Osten. Auch das für die Shoah und den Zionismus so grundlegend relevante Phänomen des Antisemitismus schuf eine paradoxe Bindung des Nahen Ostens an Europa. Das Auftreten des Zionismus in Palästina führte zu einer Übertragung antisemitischer Strukturen aus Europa in den Nahen Osten, eine gewiß paradoxe Entwicklung: Der Antisemitismus gilt mehrheitlich als die Raison d'etre des Zionismus. Nach Auffassung Herzls kann der Antisemitismus nur durch eine Abwanderung der jüdischen Bevölkerung behoben werden. Die Staatsgründung Israels und die Masseneinwanderung von Juden in diesen Staat hätten also die Lösung des Antisemitismus-Problems sein sollen. Doch mußte der Zionismus eine unerwartete Überraschung erfahren: Am Ziel der Emigration der Juden, im Nahen Osten, entwickelte sich ein bisher ungekannter Antisemitismus. Antisemitische Argumente, Stereotypen und Literatur verbreiteten sich in der arabischen Welt seit Beginn der arabisch-zionistischen Auseinandersetzung, obwohl Gesellschaften und Tradition der arabischen bzw. muslimischen Kultur bis zu jenem Zeitpunkt weitaus geringer judenfeindlich eingestellt waren als im christlichen Europa. Dabei sollte das Wort »Antisemit« nicht über die Tatsache hinwegtäuschen, daß Antisemitismus sich gezielt auf Juden richtet. Auch sogenannte Semiten können antisemitische Positionen vertreten.

Daß die israelische Staatsideologie von Beginn an mit der Gegenwart des Antisemitismus in der gesamten Welt gerechnet hat, war nur konsequent. Daß aber der Antisemitismus in der westlichen Welt nach 1948 insgesamt überbewertet wurde, hing damit zusammen, daß die alte Angst und die in der Geschichte erfahrene Unsicherheit jüdischen Lebens in der Diaspora eine für Israel zunehmend stärker werdende identitätsstiftende Funktion erhielt, die andere bereits rückläufige Integrationselemente in der Gesellschaft ersetzen konnte. Ohne die Fakten zu kennen, geht man in der Öffentlichkeit davon aus, daß sich der Stellenwert des Antisemitismus in den europäischen bzw. westlichen Gesellschaften in den letzten fünfzig Jahren nicht geändert hat. Bekanntlich sind jedoch heute andere Minderheiten im Westen das Opfer von Vorurteilen und für die »soziale Frage« der Gegenwart relevant.

Als Beispiel seien hier die Ergebnisse einer repräsentativen Umfrage von 1994 unter der israelischen Bevölkerung zu der Frage genannt, welche Gruppe das Hauptziel rechtsextremistischer Angriffe in Deutschland darstelle. Etwa 29 % der Befragten waren der Ansicht, Juden seien noch immer das Hauptziel derartiger Angriffe. Dieses Resultat kam nicht überraschend: Die israelischen Medien schenken antisemitischen Vorfällen im Ausland und natürlich in Deutschland ganz besondere Aufmerksamkeit, so daß der Eindruck einer Überproportionalität derartiger Zwischenfälle entsteht. Daß jedoch der Antisemitismus heute im Vergleich zu anderen ethnisch orientierten Feindschaften in den westlichen Gesellschaften an Bedeutung verloren hat, muß nicht allein mit der Neuformulierung der »sozialen Frage« zusammenhängen. Vielleicht hat die Shoah die Menschheit tatsächlich belehrt, vielleicht war die Position des Zionismus richtig, und die massive Auswanderung von Juden führte zu einem Abflauen des Antisemitismus.

Gänzlich konnte der Zionismus antisemitische Ausfälle in der Diaspora jedoch *nicht ausmerzen,* weil der

Staat Israel auch außerhalb der arabischen Welt Ursache für antisemitische Aktionen wurde. Durch die Ausbreitung des arabischen und muslimischen Terrors gegen Israel in allen Teilen der Welt wurden Juden in der Diaspora *nolens volens* zu Geiseln Israels; die Differenzierung zwischen Juden und Israelis wurde zumindest von Terroristen nicht beachtet oder erkannt. Jüdische Institutionen wurden automatisch und grundlos von Terroristen mit Israel identifiziert, so daß sich Bombenattentate, die von palästinensischen oder iranischen Terroristen gegen Israel geplant waren, gegen jüdische Einrichtungen, gegen Synagogen und Gemeindezentren in der Türkei, in Frankreich und Argentinien richteten. Die in Israel verbreitete Hypothese von der stets existierenden Gefahr des Antisemitismus in der Diaspora erhielt so infolge der Existenz Israels und des arabisch-israelischen Konfliktes ihre indirekte und paradoxe Bestätigung.

Spricht man von israelischen Ängsten, die aufgrund der europäischen Vergangenheit zu erklären sind, und möchte dabei die innergesellschaftlichen Spannungen zwischen Links und Rechts, säkularem und religiösem Sektor berücksichtigen, so bieten die Beziehungen zwischen Israel und Deutschland ein illustratives Beispiel. Das Deutschlandbild und das Image »des Deutschen« schweben zwischen Mythos und Realität. In der israelischen Gesellschaft hat sich Deutschland gegenüber eine schizophrene Haltung entwickelt: Einerseits schätzt man die deutsche Wirtschaft und sogar die deutsche Demokratie sowie die deutsche Europa- und Nahostpolitik prinzipiell positiv ein; andererseits wird »der Deutsche« im Vergleich mit Angehörigen anderer Nationen negativ bewertet. Es gab keine nennenswerte Opposition in Israel gegen die Vereinigung der beiden deutschen Staaten. Demgegenüber fiel es außerordentlich leicht, das Verhalten Deutschlands während des Golfkrieges von 1991 und die zuvor erfolgten deutschen Giftgaslieferung an den Irak (wahr oder nicht) mit dem nationalsozialistischen Deutschland zu assoziieren. Bei dem zentralen Wert der Shoah-Erinnerung ist das Adjektiv »deutsch« im Zweifelsfalle in der kollektiven Wahrnehmung der israelischen Gesellschaft eben prinzipiell negativ besetzt.

Bei einer repräsentativen jährlichen Umfrage in Israel zum Thema »Deutschland« werden regelmäßig gezielt zwei Fragen gestellt: Zum einen wird gefragt, ob es sich bei den Beziehungen, die Israel zu Deutschland unterhält, um normale Beziehungen handelt; die zweite Frage lautet, ob es ein »anderes Deutschland« gibt. Die erste Frage, die eher auf Politik und Gegenwart Bezug nimmt, wurde 1990 von 62 % der Befragten, im Jahre 1996 nur noch von 59 % positiv beantwortet (22 % bzw. 21 % antworteten negativ). Die zweite Frage, die die NS-Vergangenheit im Hintergrund anklingen läßt und in den Kontext einbezieht, wurde 1990 von 63 %, im Jahre 1996 von 58 % der Befragten mit »Ja« beantwortet (23 % bzw. 26 % der Befragten antworteten jeweils mit »Nein«). Diese Angaben und die Schwankungen in den dazwischen liegenden Jahren zeigen, daß die Mehrheit, die dem Thema gegenüber eher gegenwartsbezogenen und selbstsicher eingestellt ist, im Laufe der Zeit leicht abgenommen hat, während der Anteil der negativen Antworten zwar weiterhin in der Minderheit ist, jedoch kontinuierlich anwächst. Die objektive zeitliche Entfernung vom nationalsozialistischen Deutschland und vom Zweiten Weltkrieg schafft wie bei der Darstellung der Shoah auch beim Deutschlandthema keine Entlastung oder Entmythologisierung. Vertraute Assoziationen setzen sich immer wieder durch.

Diese Analyse bliebe unvollständig, wollte man bei der Betrachtung der öffentlichen Meinung insgesamt die Differenzen zwischen den verschiedenen Sektoren der Gesellschaft in dieser Sachfrage außer acht lassen. Überraschend ist, daß sich nicht nur Bildungsunterschiede, sondern auch Altersunterschiede in den Antworten wenig klar abzeichnen. Auf der gesamten Linie wird vielmehr deutlich, daß auch weitere, erwartungsgemäß die Meinungsbildung beeinflussende Faktoren – Herkunftshintergrund (Sephardim, Aschkenasim) und persönliche Lebenserfahrungen – nahezu ohne Wirkung auf die Antworten bleiben. Entscheidende Faktoren der Meinungsbildung sind dagegen letztlich die Zugehörigkeit zu einem bestimmten politischen Lager, insbesondere jedoch die unterschiedlichen Einstellungen zur jüdischen Religion. Angehörige des rechten Lagers verhalten sich gegenüber Deutschland wesentlich reservierter als Angehörige der Linken. Entsprechendes gilt verstärkt für Religiöse im Vergleich zu Nichtreligiösen.

Benjamin Netanyahu selbst ist in seiner Partei eine Ausnahme. Bereits als stellvertretender Minister im israelischen Außenministerium während der Zeit der Vereinigung Deutschlands hatte Netanyahu pragmatisch Deutschlands Aufgabe als Hauptträger der EU erkannt, mit dem Israel gute Beziehungen unterhalten sollte. Auch Deutschlands positive Haltung gegenüber

Israel, wie sie im Fall der Vermittlung zwischen *Hisbollah*/Iran und Israel im Juli 1996 über einen Gefangenenaustausch und im deutschen Engagement um die Freilassung Ron Arads deutlich wird, wurde von Netanyahu seit langem anerkannt. Netanyahu ist also im Gegensatz zu den ehemaligen *Likud*-Ministerpräsidenten Menachem Begin und Yitzhak Shamir kein Vertreter einer eher historisch orientierten Deutschlandpolitik.

In diesem Gesamtzusammenhang sprechen die Zahlen eine deutliche Sprache: 56% der israelischen Linken sind bereit, sich mit den Deutschen von heute zu versöhnen. Dies trifft aber nur auf 36% der Rechten und 19% der Religiösen zu. Die Frage nach dem »anderen Deutschland« wird von mehr als 70% der säkularen Israelis, dagegen von nur 40% der Nationalreligiösen oder sogar nur 10% der Ultraorthodoxen bejaht. Die religiöse Einstellung bestimmt demnach in noch stärkerem Maße als die politische Zugehörigkeit selbst die jeweiligen Positionen. Der (Ultra-) Orthodoxie fällt die Gleichsetzung »Deutscher=Nazi=Amalek« (Amalek ist der Erzfeind der biblischen Israeliten) leichter als allen anderen Bevölkerungsteilen, um dadurch die Shoah und Deutschland in einem bekannten Kontext lokalisieren zu können.

Die kollektive Erinnerung der israelischen Gesellschaft hebt also Situationen hervor, die auf eine ständige Gefährdung Israels und der jüdischen Bevölkerung im allgemeinen schließen lassen. Zu den Erinnerungen an Ereignisse im Lande Israel vor und nach der Staatsgründung tritt die Erinnerung an Judenhaß, Antisemitismus und Verfolgung während aller Epochen, Erinnerungen, in denen die Shoah einen außerordentlich hohen Stellenwert einnimmt. Egal ob durch Traumatisierung oder Instrumentalisierung, durch Historisierung oder Mythologisierung – eines ist deutlich: Die kollektiven Ängste bestimmen die Realität nicht weniger, als die Realität die Einstellung zu den entscheidenden Fragen Israels bestimmt. Daß das Nebeneinander von Erinnerung und Gegenwart hierbei oft einer schizophrenen Haltung gleicht, darf nicht überraschen.

Das Militär – Garant der Sicherheit?

Das Schreckensbild, das sich der Seele des Durchschnittsisraeli eingeprägt hat, ist das aus der populären Geschichte bekannte Bild der wehrlosen, hilflosen Diasporajuden, die während der Shoah ermordet wurden, vor allem das Image »der Schafe, die zur Schlachtbank« gingen. Das Gegenbild des israelischen Soldaten, des sich zur Wehr setzenden stolzen Israeli, dient als Kompensation, als Antwort auf die Vergangenheit und den Zustand von Exil und Diaspora. Die israelische Verteidigungsarmee, abgekürzt *Zahal* (siehe oben), ist das stärkste Symbol des Staates, der Staatlichkeit und Unabhängigkeit Israels seit seiner Gründung durch den ersten Ministerpräsidenten David Ben-Gurion.

In der kollektiven Erinnerung liegen auf dem Weg zur Gründung von *Zahal* wichtige Meilensteine des israelischen Helden- und Soldatentums: *HaShomer*, eine jüdische Wehrorganisation der neuen Siedlungen gegen arabische Überfälle seit Beginn des Jahrhunderts; *Nili*, eine Gruppe, die im Ersten Weltkrieg für Großbritannien Spionage betrieb; die *Hagana*, die jüdische Armee vor der Staatsgründung; *Palmah*, die Eliteeinheiten des präisraelischen Militärs; und – die für die rechtsorientierte Geschichtsdarstellung so wichtige *Irgun zevai leumi* (hebr. Abkürzung *Ezel*), die nationalmilitärische Organisation, eine Terrorgruppe, die die Briten in der Endphase der Mandatszeit bekämpft hatte. Alle diese Organisationen werden in den Lehrplänen für den Geschichtsunterricht der Schulen wie im israelischen Ritual ausführlich berücksichtigt und von vielen Israelis für unantastbar, ja nahezu heilig gehalten. Nur die »neuen Historiker« zweifeln an den Mythen, die im Zusammenhang mit der Geschichte dieser Organisationen entstanden sind.

Die beiden großen Erfolge des israelischen Militärs waren der Unabhängigkeitskrieg 1948 und der Sechs-Tage-Krieg 1967. Der erste Krieg sicherte die Existenz des neuen Staates, der zweite führte – wenn auch unbeabsichtigt – zur langjährigen Herrschaft über »Ganz-Israel«. Kleinere, aber sehr eindrückliche Operationen des *Zahal* – wie die Befreiung der Passagiere eines von Palästinensern nach Uganda entführten Flugzeugs der Luftfahrtgesellschaft *Air France* im Jahre 1976 oder der Angriff auf das PLO-Hauptquartier in Tunesien – haben diesem Grundpfeiler der israelischen Gesellschaft und des israelischen Stolzes eine Aura der Perfektion verliehen, die die Unantastbarkeit dieser Institution zusätzlich verstärkte.

Jedoch bereits mit dem überraschenden Angriff der ägyptischen und syrischen Armeen zu Beginn des Yom-Kippur-Krieges 1973 geriet das Image des *Zahal* ins Schwanken. Der Libanonkrieg von 1982, der etwa 600 israelischen Soldaten das Leben gekostet und dem Staat heftige internationale Kritik eingebracht hat, ohne letztlich das Ziel des »Friedens für Galiläa« zu garantieren, die *Intifada* in den Jahren nach 1987, die den militärischen Goliath Israel vor ein unlösbares Problem stellte und darüber hinaus auch das Leben von Soldaten forderte, sowie der Golfkrieg von 1991, in dem die israelische Armee nicht eingreifen konnte, als SCUD-Raketen auf Städte Israels fielen – alle diese Fälle demonstrieren, daß die so selbstverständliche Annahme einer durch das Militär garantierten Sicherheit in der Gegenwart zumindest fraglich geworden ist. Daß aus diesem Umstand und vor allem aus der Tatsache, daß es letztlich die atomare Abschreckung ist, die Israel am effektivsten schützt, nicht konsequent die notwendigen Schlüsse im Hinblick auf eine Reform der Armee gezogen werden, liegt vor allem daran, daß das Militär als erstrangiger institutioneller Integrationsfaktor auch eine gesellschaftliche Funktion erfüllt.

Viele haben begriffen, daß es umzudenken gilt. Doch die absehbaren Folgen möchte man vermeiden. Eine Verkürzung der Dienstzeit, die gegenwärtig bei 36 Monaten für Männer und 21 Monaten für Frauen liegt, ist wegen der Länge der Ausbildung in den meisten Kampfeinheiten und technischen Einheiten nicht sinnvoll. Eine unterschiedliche Dienstzeit für unterschiedliche Einheiten dagegen wäre gesellschaftlich nicht zu rechtfertigen. Daher ist der Weg für eine allgemeine Kürzung des Militärdienstes in Israel weniger aus ideologischen, sondern aus militärtechnischen Gründen schwierig, wenn nicht unmöglich. Eine Tätigkeit als Berufssoldat über die allgemeine Wehrpflicht hinaus ist als Lösung des Problems in der Regel wenig einträglich – ein Universitätsstudium oder eine lukrative Tätigkeit im israelischen Wirtschaftssystem sind attraktiver als die Armee und sprechen gegen ein Berufssoldatentum junger Männer und Frauen. Die einzige logische und effektive Lösung wäre die ganzheitliche Umstellung auf eine Berufsarmee, ein Modell, das in den westlichen Gesellschaften zunehmend Anklang findet.

Das Modell der Berufsarmee steht allerdings zunächst im Widerspruch zur demokratischen Idee einer »Volksarmee«. Darüber hinaus widerspricht dieses Modell in Israel der bereits erwähnten sozialen Funktion der Armee als Schmelztigel für Israelis aus allen Sektoren der Gesellschaft – Sephardim und Aschkenasim, Neueinwanderer und Zabarim (gebürtige Israelis), Religiöse und Nichtreligiöse. Daher stoßen Versuche, das Modell der Berufsarmee – und sei es nur als Denkanstoß – in die Diskussion einzubringen, sofort auf heftige Ablehnung. Wenn der *Zahal* auch weiterhin die Rolle eines Erziehers der Nation spielen soll, ist jeder Versuch, die bestehende Struktur anzutasten, ein Angriff auf das Rückgrat des israelischen Zionismus. Hierin stimmen die sich seit der Staatsgründung mit dem Unternehmen *Zahal* so stark identifizierenden Israelis auf dem linken Flügel mit dem rechten Flügel überein, der ja ohnehin stets für eine »Politik der Stärke« eintritt. In dieser Frage herrscht Konsens zwischen altem und neuem Zionismus.

Die Einführung einer Berufsarmee in Israel würde darüber hinaus bedeuten, daß die gesamte Gesellschaftsstruktur ins Schwanken geriete, da der Reservedienst

– bis zu 45 Tagen im Jahr bis zum Alter von 51 – für die Funktion des Militärs, aber auch für das Alltagsleben des einzelnen und der Familien entscheidend ist. Die sehr konservative Einstellung zum Thema des Militärdienstes ist von weitreichender Bedeutung, insbesondere weil die eingezogenen Jahrgänge, nicht zuletzt wegen der Einwanderung, immer größer werden. Das Ziel einer »kleinen und cleveren Armee«, das sich der vorletzte Generalstabschef Ehud Barak gesetzt hatte, ist daher illusorisch.

Eine bekannte israelische Parole lautet seit 1948: »Das ganze Volk ist Militär«. Daraus jedoch zu schließen, daß Israel eine militaristische Gesellschaft ist, ist übereilt. Für viele Europäer, vielleicht mit Ausnahme der Schweizer, ist die massive Präsenz von teilweise waffentragenden Soldaten im Straßenbild befremdlich und bereits der absolute Beweis für einen israelischen Militarismus. Hierbei wird jedoch die allgegenwärtige Präsenz der Sicherheitsfrage und der Streitkräfte mit Militarismus verwechselt. Geht man davon aus, daß Militarismus die Überbewertung des Militärischen oder die Hegemonie der militärisch-kriegerischen Prinzipien in Staat, Gesellschaft und Politik und eine »zum Selbstzweck erhobene Übersteigerung des Militärischen« ist, kann man die israelische Gesellschaft vielleicht als eine »bewaffnete Gesellschaft«, trotz der starken Präsenz des Militärs jedoch nur schwer als militaristisch bezeichnen. Gerade die existentielle Bedeutung von Militär und Verteidigung für Staat und Gesellschaft in Israel verdeutlicht den Unterschied zwischen einer militaristischen und einer Gesellschaft der *Levée en masse*. Überhaupt scheinen die Modelle, die im allgemeinen zur Bewertung des Militarisierungsgrades einer Gesellschaft herangezogen werden, im Falle Israels wenig nützlich zu sein. Die Frage nach der Beziehung von Staat und Militär oder dem Zusammenhang von Modernisierung und Militär hat mit Blick auf Israel von einem anderen Ansatz auszugehen und eine andere Antwort zu finden als in Hinsicht auf die Geschichte Südamerikas oder des deutschen Kaiserreichs. Man sollte daher besser gezielt nach dem Maß der Militarisierung in Politik und Gesellschaft fragen. Die Antwort auf diese Frage ist dann allerdings komplex und von Zeit und gesamtgesellschaftlicher Situation abhängig.

In der Politik zeigte sich schon bei der Staatsgründung von 1948 die Absicht, das Militär, so wichtig es auch für die Sicherheit des Staates war, als bloßes Instrument unter der absoluten Kontrolle der Zivilbehörden zu halten. Militärputschversuche waren von Anfang an in der israelischen Politik kein Thema. Der erste Verteidigungsminister Israels, David Ben-Gurion, aber auch andere Verteidigungsminister wie Pinchas Lavon (Arbeiterpartei), Moshe Arens (*Likud*) und Shimon Peres waren keine Berufssoldaten. Dagegen garantierte eine militärische Karriere als ranghoher Offizier, die in der Regel im Alter von 45 Jahren zu einem Abschluß kommt, fast immer eine anschließende politische Karriere auf nationaler oder wenigstens auf lokaler Ebene. Hier kam es jedoch im Laufe der Zeit zu unterschiedlichen Ausprägungen: Nur zwei der ersten fünf Generalstabschefs haben hohe politische Posten erlangt – Moshe Dayan in den 60er und Yigal Yadin in den 70er Jahren (wobei Yadins akademische Tätigkeit im Vergleich zu seiner militärischen Karriere nicht weniger wichtig für seine spätere politische Laufbahn war). Den Höhepunkt erreichten Status und Ansehen der Offiziere nach dem Sechs-Tage-Krieg. Yitzhak Rabins politische Karriere ist von seinem Erfolg als Generalstabschef nicht zu trennen. Nach dem Yom-Kippur-Krieg kam es jedoch zu einer Abwertung dieses Status. Immerhin zeichneten sich neun weitere Generäle in der Politik aus – Ezer Weizman, der heutige Staatspräsident, ursprünglich aus den Reihen des *Likud*, Rafael Eitan (*Likud*), Ariel Sharon (*Likud*), Rechavam Se'evi (*Moledet*), Itzhak Mordechai, neuer Verteidigungsminister in Netanyahus *Likud*-Regierung, Ehud Barak, der neue Star der Arbeitspartei nach Yitzhak Rabin; Uri Or (Arbeitspartei), Avraham Mizna, Bürgermeister von Haifa (Arbeitspartei), und Shlomo Lahat, ehemaliger Bürgermeister von Tel Aviv (*Likud*). Die Parteizugehörigkeit und die Art der Politik, die diese ehemaligen Offiziere betreiben, deuten darauf hin, daß eine Militärkarriere in den Augen der Öffentlichkeit vielleicht ein Vorteil sein kann, daß militaristische Züge – wie bei Sharon, Eitan und Se'evi – aber eher eine Frage des Charakters sind und nicht mit dem Dienst als Berufsoffizier in Verbindung stehen. Für eine Politisierung des Militärs im Sinne eines Zwangs zur spezifischen parteipolitischen Mitgliedschaft des jeweiligen Offiziers als Beförderungsbedingung gibt es ohnehin gegenwärtig keinen Raum mehr.

Wie stark der Einfluß von Regierungspolitikern, die nicht als Berufsoffiziere tätig waren, auf die Sicherheitspolitik Israels geblieben ist, zeigten Golda Meir während ihrer Amtszeit als Ministerpräsidentin und Ariyeh Deri als religiöser Innenminister ohne jegliche

Erfahrung als Soldat während des Golfkrieges. Mit dem Rückgang von Status und Ansehen des Militärs ist der Weg der Offiziere in die Politik schwieriger geworden. Andererseits wird die Übernahme von Führungsaufgaben in der freien Wirtschaft infolge des israelischen Wirtschaftsaufschwungs der letzten Jahre für einen im Alter von 45 Jahren aus der Armee ausscheidenden hohen Offizier zunehmend attraktiv.

Seit den Osloer Abkommen scheint die Militärkarriere in der israelischen Politik allerdings wieder eine Aufwertung zu erfahren. Dies illustrieren die einem Kometen gleichenden Karrieren von Ehud Barak und Yitzhak Mordechai. Beide großen Volksparteien sind auf solche Politiker in der ersten Reihe angewiesen, um – mindestens dem Anschein nach – für das neue Sicherheitsproblem nach Oslo plausible Lösungen angeblich kompetenter Politiker anbieten zu können.

Weitaus komplexer ist die Antwort auf die Frage nach der Beziehung zwischen Gesellschaft und Militär. Ein bestimmter Grad von Konvergenz zwischen beiden Elementen war ohne Zweifel in Israel immer festzustellen. Ob daher automatisch der Begriff »Militarismus« zur Anwendung gelangen sollte, ist außerordentlich fraglich. Obwohl die Alltagssprache der Bürger stark vom militärischen Jargon beeinflußt wird, das Erlebnis des Wehrdienstes also gewissermaßen eine *lingua franca* schafft, und obwohl die Frage der Sicherheit noch immer als Grund oder Vorwand für eine Pressezensur herhalten muß, gibt es keine Militarisierung der Gesellschaft im Sinne der oben angeführten Definition. Man darf selbstverständlich eine gewisse Verflechtung von Gesellschaft und Militär, Wirtschaft und Armee, Gesellschaft und Besatzung nicht ignorieren. So hängen wichtige Entscheidungen im Staatshaushalt und in der Wirtschaft vom Interesse der Sicherheit oder des Militärs ab. Und es sind gerade »Postzionisten« und »neue Historiker« die kritisch auf diese Verhältnisse hinweisen.

Es gibt jedoch nur eine spezifische Konstellation, in der diese Verflechtungen die Grenzen der Demokratie überschreiten und einen Militarismus in Israel herbeiführen können – der Zustand, in dem zwischen realem und vermeintlichem Notstand oder Ausnahmezustand nicht mehr unterschieden wird und der Slogan »La Patrie est en danger« die Augen vor den Tatsachen verschließt. Diese Gefahr ist nun allerdings in den Jahren 1995 und 1996 größer geworden. Wenn man im rechten Lager den Friedensprozeß als eine Chimäre darstellt, wenn man den Frieden als Notstandssituation und Krieg bezeichnet, wenn man die religiösen Motive für Besatzung und Besiedlung als existenzsichernde Motive auslegt, wenn das Militär sich in der Westbank nicht um die Sicherheit Israels, sondern – seit Beginn der *Intifada* und nach dem Osloer Abkommen – um die Sicherheit der Siedler kümmern muß; wenn jede Opposition mit der Bezeichnung des »Verrats« gebrandmarkt wird und der Andersdenkende automatisch als Verräter angegriffen wird – dann könnte die Gesellschaft die gefährliche Grenze zum Militarismus überschritten haben. Diese Grenzüberschreitung erscheint so gefährlich, weil in den vorangegangenen Jahren die »Zivilisierung« der israelischen Gesellschaft mehrere problematische Hürden hatte überwinden können: Zeitungsberichte über Unfälle bei Militärübungen wurden erlaubt; Israels Geheimdienste präsentierten sich in der Öffentlichkeit nach amerikanischem Vorbild; besondere Privilegien wie Renten und Steuervergünstigungen für Berufssoldaten wurden hinterfragt – kurz: Mehr und mehr wurden alle Regeln der Zivilgesellschaft auf das Militär angewandt. Ein künstlich hervorgerufenes Gefühl einer Notstandssituation erhöht gerade nach einer solchen Entwicklung die potentielle Gefahr des Rückfalls, d. h. erneut einen Weg in Richtung Militarismus zu beschreiten.

Der gesellschaftspolitische Rahmen, in dem die neue Beziehung zwischen Staat und Militär entstehen konnte, wurde bereits oben skizziert: Zur Zeit der Gründung von Staat und Armee spielte die Religion eine untergeordnete Rolle in der Gesellschaft. Um religiösen Soldaten den Militärdienst zu ermöglichen, wurde die koschere Küche sowie die Einhaltung des Sabbat in den Kasernen zur Pflicht. Die nichtreligiöse Mehrheit sah darin ein notwendiges Zugeständnis an eine religiöse Minderheit. Studenten der *Yeshiwot*, der Talmudhochschulen, wurden vom Militärdienst befreit – ein Entgegenkommen gegenüber einer Judenheit, die in der Shoah tödlich verletzt worden war. Auch religiöse Frauen wurden vom Militärdienst befreit – eine weitere Konzession, die zwar mit dem Prinzip der Gleichberechtigung nicht in Einklang stand, jedoch von der Mehrheit als sinnvoll akzeptiert wurde. Das Symbol der neuen Staatlichkeit – *Zahal* – trat zunächst gegenüber dem Symbol des Diasporajudentums – der Religion – etwas zurück. Zwischen beiden Welten wurde in der Folge ein Kompromiß angestrebt, der letztlich auf Kosten des Selbstverständnisses des klassischen Zionismus erreicht werden mußte. Hier entstand der Mythos der Reziprozität: Militär und Thora sollen sich gegenseitig ergänzen.

Der nächste Schritt in dieser Entwicklung war nur konsequent: Die Symbole des säkularen und religiösen Judentums sollten – insbesondere nach 1967 – miteinander verknüpft werden. Das Areal der Westmauer (Klagemauer), das unmittelbar nach der Eroberung der Jerusalemer Altstadt zur Gottesdienstfläche umgestaltet wurde, dient bis heute auch als Austragungsort für die Vereidigung der Fallschirmjäger und anderer Militäreinheiten. Noch konsequenter waren die *Hesderyshiwot*, die im Rahmen des Militärs entstanden und einen Teil der bisher nicht rekrutierten, orthodoxen Religiösen aufnahmen; diese *Yeshiwot* verkörpern par excellence eine Verbindung von Thorastudium und Militärdienst. Die sich auf diese Weise entwickelnde Verflechtung von Militär und Religion – die keineswegs mit einer direkten Politisierung gleichzusetzen ist – war nicht nur im Hinblick auf die Verstärkung der national-religiösen Begeisterung im *Zahal*, sondern auch im Blick auf die religiöse Durchdringung der israelischen Gesellschaft und die Usurpation des Zionismus durch die religiösen Elemente außerordentlich wirksam. *Zahal*, der früher mit dem »neuen zionistischen Menschen« vor allem mit dem »Kibbutznik« assoziiert wurde, wird heute immer stärker – auch aufgrund der neuen Proportionen im Offizierskorps – mit der revidierten, religiösen Version des Zionismus identifiziert.

Die deutliche Unterstützung, die Benjamin Netanyahu und die *Likud*-Koalition in den Wahlen vom Mai 1996 in den Reihen der Armee erhalten haben, kam nicht überraschend. Nicht nur durch neue äußere Herausforderungen, sondern auch durch den inneren Wandel der Armee wurden neue, alternative Formen des militärischen Selbstverständnisses geprägt. Ob diese Entwicklung allgemein akzeptiert werden wird, ist abzuwarten.

Noch immer gibt es weder im Gesetz noch in der Vorstellungswelt der Israelis Raum für die prinzipielle Kriegsdienstverweigerung. Versuche von Links, den Befehl zum Dienst in den besetzten Gebieten zu verweigern, oder die im rechten Lager verkündete Absicht, mit Hilfe allgemeiner Aufrufe der Rabbiner sich dem eventuellen Befehl einer Räumung der palästinensischen Gebiete zu widersetzen, beweisen, daß über die Identität von Sicherheit und *Zahal* im Krisenfall ein gesellschaftsübergreifender Konsens kaum möglich sein wird.

Kulturkämpfe

Die gesellschaftlichen Auseinandersetzungen innerhalb der Armee gehören in den allgemeinen Kontext der Kulturkämpfe in Israel. Das Land, das Millionen Einwanderer aufnahm und sich als Schmelztiegel der Landsmannschaften und Kulturen verstanden wissen wollte, hat sich noch immer nicht mit der wohl besseren Lösung einer multikulturellen Gesellschaft abgefunden und versucht weiterhin, eine homogene »jüdische« Kultur zu schaffen. Ähnliche Versuche wurden bereits in der Anfangsphase des Staates nach 1948 unternommen – allerdings mit umgekehrten Vorzeichen:

Damals versuchte man, eine israelische Kultur zu entwerfen und durchzusetzen, die sich von der traditionellen jüdischen Kultur und der Diaspora unterscheiden und sich dialektisch aus der Vielfalt von europäischen und orientalischen Kulturen herauskristallisieren sollte. Und schon damals scheiterte der Versuch. Scheinbar hat man aus der Geschichte nicht gelernt, daß die Homogenisierung der Kultur Unterdrückung von Subkulturen voraussetzt. Oder zielt man heute genau auf diesen Punkt in der Hoffnung, auf der neuen »jüdischen« Grundlage werde die Homogenisierung der Kultur gelingen und eine israelische Kultur entstehen, die sich eher an den religiösen Traditionen orientiert als am früheren Ideal eines neuen Menschen aus europäischen und orientalischen Identitätselementen? Deutlich ist, daß hier ein »Zusammenstoß (*clash*) der Zivilisationen« – um das Stichwort von Huntington zu benutzen – unvermeidbar ist.

So laufen die Kulturkämpfe zwischen Sephardim und Aschkenasim, zwischen Neueinwanderern der letzten Jahre und Neueinwanderern vergangener Zeiten, zwischen *Zabarim* und Neueinwanderern, zwischen europäischer und orientalischer Kultur, zwischen Amerikanismus und anderen Subkulturen, vor allem aber zwischen säkularen und religiösen, zwischen liberalen und fundamentalistischen Strömungen, zwischen Juden und Arabern, die nahezu ein Fünftel der israelischen Bevölkerung stellen, stärker auf Konflikte als auf Versöhnung und gegenseitige Akzeptanz zu.

Es wurde bereits darauf hingewiesen, daß die Idee vom »jüdischen Staat« im orthodox-religiösen Sinne die

Beziehungen zwischen Israel und seinen arabischen Nachbarn, zwischen Israel und den Palästinensern auf der Westbank, in erster Linie allerdings die Beziehungen zwischen Juden und Arabern in Israel selbst negativ beeinflussen muß. »Jüdisch« in diesem Sinne bedeutet, daß man Nichtjuden in Eretz-Israel nur die biblischen Rechte der *Ger-Toshav* (fremde Ortsansässige) einräumen möchte – eine Vorstellung, mit der kein Demokrat leben kann. In liberalen und »postzionistischen« Kreisen werden die vorhandenen Zeichen der Vorherrschaft jüdischer Kulturelemente und ihrer Symbole wie z. B. der israelischen Nationalhymne und der Staatsflagge bereits ernsthaft hinterfragt. Die ersten Zeilen der Nationalhymne »Solange tief im Herzen eine jüdische Seele bebt...« kann ein israelischer Araber wohl kaum mit ganzem Herzen singen, und das Hissen der blauweißen Flagge mit dem so charakteristisch jüdischen Davidstern bringt keinen Araber dazu, sich mit dem Staat Israel zu identifizieren. Auch die Feierlichkeiten anläßlich des 3000jährigen Jubiläums der Stadt Jerusalem als Hauptstadt Israels, die, wie bereits erwähnt, den »jüdischen« Charakter der Stadt unterstreichen, sind ein weiteres Beispiel für ein dem Kompromiß abträgliches Verhalten. Es verwundert daher nicht, wenn im letzten Wahlkampf vor allem Vertreter der arabischen Parteien ihre Absicht bekundeten, Israel zum »Staate aller seiner Bürger« zu machen, um der Gefahr eines »jüdischen« Staates entgegenzuwirken. Wer dagegen den Kulturkampf noch schürt, anstatt über einen Ausweg aus der Sackgasse der Symbole nachzudenken, der gefährdet nicht nur eine friedliche Regelung der Beziehungen zwischen Israelis und Palästinensern, sondern auch den Aufbau besserer Beziehungen zwischen jüdischen und arabischen Staatsbürgern Israels.

Kulturelle Berührung und Wechselwirkung zwischen Juden und Arabern in Israel sind ohnehin sehr begrenzt: Beide Bevölkerungsgruppen leben eher nebeneinander als miteinander. Auch in Ortschaften wie Haifa oder Jaffa, in denen sowohl Juden als auch Araber leben, sorgen Endogamie und separate Wohngebiete für die Aufrechterhaltung der kulturellen Barriere zwischen Juden und Arabern. In der Wirtschaft kommt es in der Regel kaum zu einer wirklichen Zusammenarbeit durch Partnerschaft, sondern eher zu einem Arbeitgeber-Arbeitnehmer-Verhältnis zwischen Juden und Arabern. Im Beamtentum und in der Verwaltung grenzt sich im allgemeinen der arabische Sektor ab. In der Kunst gibt es zwar vereinzelte Versuche, die auf Integration abzielen, wie z. B. ein Theater in der arabisch-jüdischen Stadt Akko, doch das Fehlen einer gemeinsamen Sprache bzw. die mangelnden Arabischkenntnisse der meisten hebräischsprechenden Juden lassen derartige Experimente im Keime ersticken. Nur in dem Bereich, in dem man eine gemeinsame Sprache fand – dem Fußball –, kam es ansatzweise zu einer Zusammenarbeit. Mitte der 80er Jahre waren zeitweise sogar zwei von elf Spielern der israelischen Fußballnationalmannschaft israelische Araber. Aber auch hier – auf der Ebene der populären Kultur – ist inzwischen eher der Kulturkampf dominierend als die kulturelle Zusammenarbeit. Im Jahre 1996/97 wird zum ersten Mal die Fußballmannschaft einer arabischen Stadt (Taibe) in der israelischen Oberliga spielen. Die Szenen, die sich bereits auf den Tribünen bei Spielen jüdischer Mann-

schaften gegen arabische ereigneten, deuten darauf hin, daß die Oberliga zukünftig der Platz sein wird, auf dem der Kulturkampf zwischen Juden und Arabern lautstark und aggressiv ausgetragen werden wird.
Versucht man die These des amerikanischen Politologen Samuel Huntington über den seit Ende des Kommunismus aufflammenden »Zusammenstoß der Zivilisationen« oder Kulturen auf die Verhältnisse im Nahen Osten anzuwenden, so müssen nicht nur die Beziehungen zwischen Juden und Muslimen betrachtet werden, sondern auch der Konflikt zwischen Aschkenasim, also Juden mit europäischen Herkunftshintergrund, und sephardischen Juden, deren Herkunftshintergrund in den Ländern des Islam liegt. Auch wenn die Bezeichnungen »Aschkenasim/Europäer« und »Sephardim/Orientalen« relativ unpräzise sind, so ist der Inhalt des Konflikts jedoch relativ eindeutig: Ein Judentum, das aus einer christlichen Umwelt nach Palästina kam, steht einem Judentum gegenüber, das vor seiner Ankunft in Palästina von den muslimischen Gesellschaften seiner Umwelt geprägt war. Wie bereits erwähnt, setzte sich die israelische Gesellschaft zunächst zu 90 % aus Aschkenasim zusammen. Die aschkenasischen Eliten konnten gar trotz der Masseneinwanderungen von Sephardim lange Zeit ihre Hegemonie aufrechterhalten. Politischer Protest auf sephardischer Seite wurde erst relativ spät artikuliert. Erfolgreich war dieser Protest dann in der zweiten Generation – vor allem in der Bewegung der »Schwarzen Panther« im Israel der 70er Jahre. Das Protestverhalten der Sephardim, die massiv Menachem Begin und seinen *Likud* unterstützten, führte zum Erfolg des rechten Blockes im Jahre 1977.

Der Höhepunkt der Politisierung von Konflikt und Konfrontation der *Edot* (Gruppen mit unterschiedlichem Herkunftshintergrund) wurde allerdings im Wahlkampf von 1981 erreicht, in dem es sogar zur Gewaltanwendung kam. Damals profitierten der *Likud* und eine religiös-sephardische Partei von dem Konflikt. Später versuchte die Arbeitspartei hier Boden zurückzugewinnen – die Wahlen von 1996 waren aber in dieser Hinsicht ein Rückschlag: In den nach 1948 für die Einwanderer neugegründeten Städten und in den mehrheitlich sephardischen Vierteln der Großstädte haben der *Likud* und die religiös-orthodoxe *Shas*-Partei große Gewinne erzielen können. Es ist wahrscheinlich der nüchternen Innen- und Außenpolitik der Regierung unter Rabin und Peres zuzuschreiben, die sich beide gegenüber dem für Sephardim typischen religiös gefärbten Zionismus eher distanziert verhielten, daß viele sephardische Wähler ihre Stimme wieder dem *Likud*-Lager gegeben haben. In der Retrospektive ist die Rechnung der sephardischen Wähler aufgegangen: Noch nie waren so viele zentrale Ministerposten mit Politikern aus der sephardischen Bevölkerung besetzt wie in der Regierung Netanyahus: der politische Neuling Yitzhak Mordechai aus Kurdistan wurde zum Verteidigungsminister ernannt, David Levi aus Marokko ist zum zweiten Mal Außenminister. Beide gehören dem *Likud* an. Avigdor Kahalani aus dem Jemen ist Minister für innere Sicherheit, und Eli Swissa aus Marokko amtiert als Innenminister.

Es geht jedoch nicht allein um politische Werte an sich, sondern in erster Linie um kulturelle Identität und um soziales Prestige. Seit 1948 versuchten die Eliten, die orientalischen Juden im Rahmen der Schmelztiegelpolitik an die westlich-europäische Kultur zu assimilieren. Die multikulturelle Gesellschaft war zu jener Zeit noch kein gültiges Modell. Das Resultat war eine gescheiterte Integration und eine diskriminierte sephardische Subidentität. Als dieser Fehler bereits in den 70er Jahren erkannt wurde, begann man die Folklore orientalischer Juden als Kulturerbe und kulturellen Ersatz immer stärker in den Mittelpunkt der sephardischen Identität zu rücken. So wurde z. B. die marokkanische Tradition der Mimouna, eines Festtages unmittelbar nach dem Abschluß des Pessachfestes, relativ rasch zum anerkannten Nationalfeiertag aufgewertet, dessen Inhalt allerdings ausschließlich folkloristischer Natur blieb. Darüber hinaus entwickelte sich eine vielfältige, authentische sephardische Subkultur in der Musik, der Literatur und im Film, die mit der dominanten europäisch-aschkenasischen Kultur in Konkurrenz treten wollte. Doch es kam in der Folge keineswegs zu einem Gleichgewicht der Subkulturen. Noch immer sind die Chancen im Wettbewerb zwischen dem Erbe Einsteins und der Tradition der Mimouna, zwischen dem Stellenwert des aus Osteuropa stammenden Nationaldichters Haim Nachman Bialik und den sogenannten Kassettensängern, deren Tonbandaufnahmen sich zwar auf dem Markt gut verkaufen, aber nicht zum Kanon der israelischen Musik gehören, ungleich verteilt.

Dieser Wettbewerb kann auch, wie kürzlich geschehen, eine eindeutig politische Relevanz erhalten: Nach der Ermordung Yitzhak Rabins kam es zu Trauerdemonstrationen, an denen ungewöhnlich viele Jugendliche teilnahmen. Die Bilder gingen um die Welt und vermittelten den Eindruck einer geschlossenen israelischen Jugend, die sich in ihrer Trauer um den ermordeten Ministerpräsidenten um den populären aschkenasischen Sänger Aviv Gefen scharte. Dabei ignorierte man die Reaktion, die sich nach den ersten traumatischen Tagen im November zeigte: Viele Jugendliche und Erwachsene in den südlichen Stadtvierteln von Tel Aviv und den Entwicklungsstädten, in denen die sephardische Bevölkerung die Mehrheit stellt, empfanden diese Trauerdemonstrationen und die Lieder Aviv Gefens als einen typischen Ausdruck des Tel Aviver Nordens, d. h. typisch yuppiehaft und aschkenasisch. Die Wahlergebnisse waren selbstverständlich repräsentativer für das kulturelle Klima als die Fernsehberichte über die Trauer in Israel im November 1995 und haben deutlich den »Zusammenstoß der Zivilisationen« in der israelisch-jüdischen Gesellschaft zum Ausdruck gebracht.

Die Zurücksetzung der sephardischen Bevölkerung betrifft nicht allein die Kultursymbole, sondern ist sehr real. Obwohl die Relation zwischen Aschkenasim und Sephardim in der israelischen Bevölkerung vor der neuen Einwanderungswelle aus den Ländern der ehemaligen Sowjetunion bei 50:50 lag (in der Altersgruppe der 25-35jährigen Bevölkerung etwa bei 40:60) und der Staat sich insbesondere um die Ausbildung der Sephardim bemüht hatte – die Schulreform von 1969 zielte in erster Linie auf diesen Bevölkerungssektor –, blieb der Anteil der Sephardim unter den Akademikern relativ gering: 40% aller Aschkenasim, aber nur 15% der Sephardim haben eine akademische Ausbildung. Auch unter den bis zu Fünfzigjährigen, d. h. denjenigen, die in Israel geboren, erzogen und ausgebildet wurden, liegt die Relation von aschkenasischen zu sephardischen Akademikern immer noch bei etwa 2:1. Statistisch weniger bedeutend ist der Unterschied im Einkommen und im Lebensstandard. Dennoch verleihen die vorhandenen Unterschiede und die subjektive Vorstellung von gezielter Diskriminierung dem Kulturkampf zunehmend an Schärfe und Intensität.

Nun zeichnet sich allerdings gerade in der Bevölkerungsgruppe der Sephardim im Hinblick auf das Verhältnis von Nation und Religion eine neue Alternative ab. Wie den Wahlergebnissen immer deutlicher zu entnehmen ist, neigen sephardische Israelis kaum dazu, die linksliberale *Merez*-Partei zu wählen. Vielmehr geben sie ihre Stimmen der religiösen *Shas*-Partei. Durch dieses Wahlverhalten wird ohne Zweifel eine Ablehnung der europäisch geprägten national-liberalen Wertvorstellungen ausgedrückt. Die prämoderne Verbindung von Nation (Ethnos) und Religion wird von der sephardischen Bevölkerung im allgemeinen bevorzugt. Darüber hinaus bedeutet dieses Verhalten aber auch die Ablehnung einerseits der grundsätzlich antizionistischen Haltung und des Staates Israel, die in der osteuropäisch geprägten, ultraorthodoxen Partei *Aguda* vorherrschend ist, und andererseits des national-religiösen, ebenfalls westlich geprägten Fanatismus. Eine typische Position bezieht hier der geistige Führer der *Shas*-Partei, Rabbiner Josef Obadja, wenn er sich nicht für die unbedingte Beibehaltung aller besetzten Gebiete ausspricht. Das für die sephardische Bevölkerung typische politische Verhalten weist somit auf eine alternative Form des Zionismus, in der bestimmte religiöse Werte und Symbole – z. B. heilige Städte – mit nicht unbedingt modernen nationalen Vorstellungen verschmelzen. Hierbei handelt es sich ebenfalls um eine Spielart des »Post-Zionismus«, auch wenn diese Bezeichnung nicht für das Phänomen benutzt wird – eine Spielart, die durch eine alt-neue Kombination von Nationalgesinnung und Religiosität die Epoche des herkömmlichen Zionismus zum Abschluß bringt.

Der Kulturkampf zwischen Sephardim und Aschkenasim ist inzwischen jedoch nicht mehr der einzige *Edot*-Konflikt in Israel. Anders als die zirka 400 000 Einwanderer aus Rumänien in den 50er und 60er Jahren, sind die in den 80er Jahren aus den Ländern der ehemaligen Sowjetunion Eingereisten – mehr als 700 000 – nicht bereit, durch totale Akkulturation in der israelischen Gesellschaft aufzugehen. Auch dieser Umstand trat bei den Mai-Wahlen 1996 eindrucksvoll zum Vorschein: Die überwiegende Mehrheit dieser Neueinwanderer wählte ihre eigene Partei, *Israel beAliya*, die ihre materiellen und kulturellen Interessen zu vertreten verspricht. Selbst wenn diese Partei längerfristig nicht existenzfähig sein wird, steht eines fest: Die Gruppe der Neueinwanderer und ihre Partei sind in der politischen und kulturellen Szene Israels eine innovative Erscheinung – die jüdische Religion bedeutet ihnen wenig, aber auch die Tradition des israelischen Nationalismus ist ihnen im wesentlichen fremd. So darf man hier gleichfalls einen neuen Ansatz für eine alternative Art des Zionismus bzw. Post-Zionismus erwarten.

Im Kulturkampf zwischen den Bevölkerungsgruppen mit unterschiedlichem Herkunftshintergrund wie in der politischen Kultur Israels überhaupt ist der eigentliche zentrale Streitpunkt – die Auseinandersetzung zwischen Religion und Säkularismus sowie die Beziehung von Nation und Religion – stets gegenwärtig. Vor und nach 1948 befanden sich die religiösen Juden in Israel in der Defensive, egal ob sie nichtzionistisch oder national-religiös waren. Nach 1967 wendete sich das Blatt. Es erfolgten Gegenangriffe zuerst der Nationalreligiösen, dann der Ultraorthodoxen, die sich gezielt gegen die Symbole der säkularen bzw. der amerikanisch-materialistischen Welt richteten: »freizügige« Werbung an den Jerusalemer Bushaltestellen, Betrieb öffentlicher Verkehrsmittel und individueller Autoverkehr am Sabbat, Produktion und Verkauf von Schweinefleisch, nichtkoschere Produkte bei McDonalds oder Fußballspiele am Sabbat. Einschränkungen in diesen Bereichen reizen stets die unmittelbar betroffenen liberalen und säkularen Kreise, sind aber für die religiöse Bevölkerung nur theoretisch von Bedeutung, weil ihr eigenes Leben nicht direkt betroffen ist. Diese ostentativen Schritte sind eher Versuchsballons, um zu testen, wie weit der religiöse Angriff auf die säkulare Gesellschaft bereits gehen kann.

Die eigentliche Front, an der diese Elemente des Kulturkampfes entschieden werden, ist die Legislative und darüber hinaus das Erziehungssystem. Daß das Familienrecht in Israel dem Rabbinat bzw. den juristischen Institutionen der jeweiligen Religionsgemeinschaften überlassen wurde, war bereits der entscheidende Schritt, der der absoluten Trennung von Staat und institutionalisierter Religion im Wege stand. Eine Bestimmung bezeichnet religiöses Verhalten per definitionem im Rahmen des Antirassismusgesetzes als nichtrassistisch. Der Handel mit nichtkoscheren Produkten wurde aus dem Grundgesetz zur Gewerbefreiheit ausgeklammert; ein besonderes Ermächtigungsgesetz (sic!) ermöglicht die Verabschiedung von lokalen Verordnungen in religiösen Angelegenheiten, wovon z. B. auch Läden am Sabbat betroffen sind; und die Radikalisierung der religiösen Definition der als Juden geltenden Personen im israelischen Rückkehrgesetz steht noch immer auf der Tagesordnung. Dies alles sind Beispiele für die im Parlament wie in der Öffentlichkeit heiß umkämpften Elemente des Kulturkampfes, wobei der Erfolg langfristig auf der Seite der Religiösen liegen dürfte. Daß der neue (religiöse) Justizminister der Netanyahu-Regierung eine tägliche Talmudstunde für Beamte im gehobenen Dienst eingeführt hat, ist kein Kuriosum, sondern ein Versuch, das jüdisch/hebräische Rechtssystem auf Kosten anderer in Israel einflußreicher Rechtstraditionen zu fördern.

Schlüssel zum Erfolg sind letztlich jedoch die Sozialisation und Erziehung. Auch in diesen Bereichen sind eindrückliche Entwicklungen zu registrieren, z. B. das Phänomen der »Rückkehr zur Religion« als Folge einer »inneren jüdischen Mission«. Wie viele säkulare Israelis inzwischen »Rückkehrer zur Religion« geworden sind, also eine religiöse Lebensweise aufgenommen haben, ist unbekannt – die Zahl dürfte gewiß in die Zehntausende gehen. Es existieren religiöse Gruppierungen und *Yeshiwot*, die sich allein auf diese innere, jüdische Mission spezialisiert haben. Einen der größten Erfolge konnte die Bewegung verzeichnen, als der populäre Schauspieler, Komödiant und Bohemien Uri Sohar religiös, ja sogar Rabbiner und führender Propagandist der orthodoxen *Shas*-Partei wurde. Daß in den

Wahlspots der *Shas*-Partei mehrere Fußballidole auftraten, die sich als »Rückkehrer« präsentierten, war ein taktisch meisterhafter Zug der Partei. Die populären Stars legitimieren in weitaus stärkerem Maße als bekannte religiöse Persönlichkeiten die Wende zur Religion in der Gesellschaft und die Wende des Zionismus in Israel.

Die weniger auffälligen Entwicklungen im Bereich der Erziehung zur Religiosität sind allerdings die entscheidenden. Der Eintritt der Ultraorthodoxie in die Begin-Koalition 1977 hatte ihren *Yeshiwot* und ihrem separaten Schulsystem Zugang zu den finanziellen Quellen des Staates verschafft. Auch Grundstücke zum ermäßigten Preis zur Errichtung von Schulen und *Yeshiwot* der Ultraorthodoxie verhalfen ihr zu höherer Attraktivität und zu einem Anwachsen der Schülerzahlen. Die erst in den 80er Jahren gegründete orthodoxe sephardische *Shas*-Partei hat aus diesen Verhältnissen rasch ihre Lehren gezogen. Sie entwickelte ein eigenes Grundschulsystem (*El Hama'ayan* – Zur Quelle), das sich mit Hilfe des damals wie heute der *Shas*-Partei unterstehenden Innenministeriums als pädagogische Alternative etablieren konnte. Diese Schulen standen auch bisher nichtreligiösen Schülern offen und dienten instrumentell zur Bildung eines zunehmend religiösen Klimas im Staate, dem sich auch das säkulare staatliche Erziehungssystem nicht entziehen konnte. Letzteres schloß sich bereits in den fünfziger jahren dem sogenannten »Programm für jüdisches (d. h. orthodoxreligiöses) Bewußtsein« an. Auch die vorgeschlagene Anstellung von religiösen Lehrern für Bibelkunde im nichtreligiösen System stieß nicht grundsätzlich auf

Ablehnung. Parallel dazu versuchten vor allem Chabad-Chassidim, also die Anhänger des Lubawitzer Rabbi, Zugang zur Armee zu finden – Militär-Rabbiner und Religions-Feldwebel sind ohnehin die geeignetsten Vermittler von Religiosität im Militär. Sondervorträge anläßlich religiöser Feiertage können auch eine quasi missionarische Funktion erfüllen. An allen Fronten dieses Bereiches im Kulturkampf ist die religiöse Seite sehr aktiv.

Die Auseinandersetzung zwischen religiöser und säkularer Lebensweise ist wohl der Bereich, in dem der Kulturkampf innerhalb der jüdischen Gesellschaft Israels am heftigsten ausgetragen wird. Die gleiche Problematik wird *mutatis mutandis* auch in der arabisch-muslimischen Minderheit Israels ausgetragen, die ebenfalls zu zunehmender Religiosität und Fundamentalisierung neigt. Gegenwärtig scheinen also die Religiösen den Erfolg – vor allem im Hinblick auf den zukünftigen Charakter der Nation und der nationalen Politik – für sich verbuchen zu können. Daher stellt sich in der jüdischen Mehrheitsgesellschaft nun zunächst eher die Frage, welche religiöse Richtung – die fanatisch national-religiöse, die fanatisch ultraorthodoxe, die sephardisch ultraorthodoxe oder – eher unwahrscheinlich – die gemäßigt-tolerante Richtung, der man immer wieder begegnet – am meisten von der Entwicklung profitieren wird. Das besagt nicht, daß moderne Züge der israelischen Kultur und Gesellschaft unbedingt verschwinden werden, daß der säkulare Sektor endgültig aufgibt oder zwischen den religiösen Strömungen untergeht oder daß alle Frauen in die Familie, an den Herd, auf die Frauenempore zurückkehren. »Reaktionäre«

und »konservative Modernität« sind im 19. und 20. Jahrhundert keine Seltenheit. Zwischen einer hochtechnisierten und extrem computerisierten Gesellschaft und Entsäkularisierung muß nicht unbedingt ein unüberbrückbarer Graben entstehen. Man kann das europäische oder eher das amerikanische Zivilisationsmodell übernehmen, ohne von der wachsenden Durchdringung der Gesellschaft durch die Religion Abschied nehmen zu müssen.

Ausblick

Ratlosigkeit und Bestürzung waren auf seiten der Verlierer in Israel, aber auch im Ausland die ersten Reaktionen nach der Bekanntgabe der Ergebnisse zu den Parlaments- und Ministerpräsidentenwahlen in Israel am 29. Mai 1996: Eine Revolution schien eingeleitet worden zu sein, eine Revolution, die – so die allgemeinen Befürchtungen – den Friedensprozeß aufhalten und die von Shimon Peres geschaute Vision eines »Neuen Nahen Ostens« wie eine Fata Morgana verschwinden lassen werde. Panik und Angst vor einer Revolution in Israel schwanden, als der neue Ministerpräsident Benjamin Netanyahu sich vor aller Welt als ein moderater Politiker präsentierte – bei seinem Besuch in Washington Anfang Juli 1996 bewies er, wie amerikanisch sein Denken ist, beim anschließenden Besuch in Kairo zeigte er Gesprächsbereitschaft mit der arabischen Seite; seine Regierung nahm die Beziehungen zur palästinensischen Autonomiebehörde und zu Yasser Arafat wieder auf; nach dem Austausch mit der *Hisbollah* zeigte er seine deutschlandfreundliche Seite und lud Helmut Kohl zu einem Besuch in Israel ein. Panik und Angst schwanden – allerdings zu Unrecht: Die Wende in Israel gleicht einem Erdbeben, auf dessen Nachwirkungen man länger als einige Wochen oder gar Monate warten muß. Auch sollte man die nötige Übersicht behalten, um gerade die Bereiche zu beobachten, in denen tatsächlich konterrevolutionsartige Entwicklungen stattfinden werden. Diese Übersicht vermißt man bei den meisten Reaktionen auf die jüngsten Ereignisse in Israel. Der Blick sollte sich vor allem auf die innere Dynamik von Politik und Gesellschaft in Israel richten, nicht allein auf die außenpolitische Fassade. Hierzu möchte die vorliegende Darstellung einen Beitrag leisten.

Um die Wende in Israel zu verdeutlichen, konzentriert sich die Analyse auf den zionistischen Charakter des Staates bzw. den Charakter des Zionismus in dieser Gesellschaft. Dazu benötigt man eine historische Perspektive.

Sind folgende Zitate postzionistisch? »Der Jude lebt mehr in der Zeit als im Raume«; »Das Judentum ist keine Religion. Es ist ein lebendiges Volkstum, das aus seinem Nationalcharakter im Laufe der Geschichte eine Religion, eine bestimmte politisch-sittliche Haltung der Welt gegenüber geschaffen hat.«; »Gerade darin, daß das Vorhandensein großer nichtjüdischer Bevölkerungsteile dem Aufbau des Gemeindewesens (im Lande Israel) besondere Aufgaben stellt, deren Lösung für die am Nationalismuswahn krankende Menschheit von Bedeutung sein könnte, liegt etwas von der Schwere, die Fluch und Segen zugleich ist ... Das Judentum will zeigen, wie Menschen miteinander leben sollen. Menschen – und nicht nur Juden.« Die gegenwärtig den Ton des Zionismus bestimmende Richtung in Israel wird diese Aussagen gewiß für postzionistisch halten, auch wenn der Stil der Worte die Zeit verrät, in der sie erstmals zu Papier gebracht wurden: Es sind Aussagen aus dem Buch »Die politische Idee des Judentums«, 1924 verfaßt von einem Zionisten, der nicht bis nach der Gründung des Staates Israel wartete, um seine Enttäuschung über die Entwicklung des Zionismus und den Werdegang des Staates auszusprechen. Es war Hans Kohn, eine der wichtigsten Autoritäten im Bereich der Nationalismusforschung, der als Zionist und Historiker zugleich dieses Verständnis vom Judentum als Grundlage des Zionismus erlangte. Hans Kohns Prämissen – moderner formuliert – sind noch immer die Grundsätze des sich heute auf dem Rückzug befindenden säkularen, nichtromantischen Zionismus. Der gegenwärtige Zustand des Zionismus und der Charakter der Beziehung von Nation und Religion ist nicht nur ein Resultat der Entscheidungen der letzten Jahre, sondern Ergebnis eines langen und wechselhaften Prozesses. Die Bilanz nach hundert Jahren Geschichte des Zionismus und nahezu fünfzig Jahren der Existenz des Staates Israel offenbart den Abschluß einer Epoche.